這不是一本情愛指南

我們時代的慾望地圖

端工作室——著

序　慾望本是平常事

端工作室（Initium Studio）

大都會白天黑夜都被光照亮，巨型購物商場是神經中樞，吞吐行經的男男女女，天橋連著碼頭，升降機溝通地底。每小時都會被清潔一遍的大理石地板磨出倒影，那是頭頂上方碩大寬頻的光與影，有時是稜角分明的模特走秀，有時是廣告或電影畫頭——高清衛視裡演員的每個毛孔都清淨，要麼俊美要麼性感，只是一個抬頭或一次回眸，就會引發幾十集情愛糾葛。

但故事外的男女依舊行色匆匆，搭扶手電梯從畫面前浮過，彷彿那和會展中心的留學展覽海報、治香港腳的老牌中藥廣告一樣，都是白噪音。如果說這虛擬的、公共的愛情故事是我們這時代清明上河圖的長畫軸，那麼那真實的、私人的愛情故事又被藏去哪裡？

端傳媒大陸、香港、台灣、國際各組記者於是在人群中放慢腳步，從尋常巷陌找尋勾引城市人朝九晚五、循環往復的亮顏色，有時他們也聽說愛神曾經擦亮某人人生一刻，但更多時候，映入眼底是春光乍洩前後的喘息、細語、想念或懊悔，是慾望本人。

承認慾望是策動一切的幕後主使，並非要指責我們這時代道德淪喪，男盜女娼。政治、倫常、健康、娛樂，只要你有心看，哪個沒有慾望的馬達在轉。在中國大陸千篇一律的「人民公園」，記者觀察父母之命、媒妁之言的新時代變種，中老年人關愛／控制、繁衍／生殖的慾望，和商業簡歷、面試機制有機結合，仍能運籌千里之外，定下兒女終身；隔一條香江，我們在香港的「臥底」按圖索驥，看白領男女發揮我城高效的行事風格，兩個鐘頭從十五個異性中篩選 Mr. Right，不過一頓飯光陰而已。

夜更深，戰場移去暗處，九龍的時鐘酒店或中環的夜蒲酒吧，有人一期一會，有人待到天光後依舊繾綣纏綿。智能手機已經可以搖來搖去搖出可以滿身漫遊的陌生人，傳統酒店也仍未打烊，在寸土寸金繁華地，劃出幾百呎情愛隔間，在幾個字的光陰摩擦嘶喊，反正隔壁也是一樣瘋狂。昏黃燈光下，記者們觀察紀錄，看日間入睡的動物本性終於不再委身隱藏，關上門，音樂響起，斯文和矜持如假面般隨意卸去，留在身上的也許是赤裸真面貌，也許是另一重表演。

情慾當然也是古老的掘金地，酒吧與酒店販賣醉生夢死，但光天化日下也未嘗沒有生意可做。有人開設婚姻修復公司，外包「打小三」這件家庭大事。丈夫妻子依然相敬如賓，沒人撕破臉，沒人哭泣，沒人難堪——髒活累活已經雇用專業人士處理，要做的就是知道的裝失憶，糊塗的難得繼續糊塗。有人建立網絡帝國，用光纖連起金錢、權力、肉體和親密，新自由主義世界，它們本就在國際市場中自由流通。創業的、消費的、生產的，沒人為此羞愧，也不會語焉不詳。他們指給記者看，長短胖瘦，大小黑白，全都寫在個人檔案裡，演算法毫不含糊，每秒都在搭橋連線，織就也許是第一千零一個網。

也有人想要破除情那一層，還原慾望最原始的樣子，用科學的、企業家的、人性的、政治的話語構建作為性主體的自己。性感本是平常事，不必害羞也不必害怕，用物或與愛無關的肉體溫柔對待自己。他們和記者分享自己的歷險記，打碎禁忌，從言說和行動本身獲得又一重高潮。

這就是我們的時代，或者根本沒有和其他時代有本質不同。九篇故事裡，端記者努力捕捉、認真還原這個時代的臉龐與血脈，在慾望城池裡書寫慾望，而現在，讓我們一起閱讀。

目次

Part 3

3.1 情感產業鏈裡的人

Part 4

給自己禮物的人

Part 1

「程式化」相遇的人

1.1

兩小時，十五個單身異性

地點：香港二樓西餐廳
作者：槐凝

島城香港人口稠密，擠地鐵，擠巴士，擠商場，擠房屋，人與人之間的地理空間如此擠，但人心卻很離。

忙，成為都市人的藉口。忙加班，忙供樓，忙上網，於是忙到遇不上他或她。據人口統計，二〇一三年，香港二十歲至四十九歲的男女達三百零六萬七千人，未婚的近一百五十萬。

大街上茫茫人海，如何碰見自己的 Mr./Miss Right？既然忙，不如付鈔找人代勞，於是專替忙人找伴侶的各式相親活動應運而生，價格從數百到上萬港元不等。

近年最盛行 Speed Dating，中文名為「極速約會」，據說發源於美國大都會，背後有理論支撐：研究發現，普通人一個月裡面新認識的單身異性一般只有一位，但透過 Speed Dating，兩三小時就可以認識十五個單身異性，看起來，相愛的機率大幅提升。

不過，這種機械化、如找工作面試一般的活動真的可以遇見愛情？但不去白不去，萬一真的遇到 Mr. Right 呢？

晚宴開場

我被引領到一張枱坐下，隨後來了高高瘦瘦的男士R。在成群的西服男士中，看上去他沒為此花什麼心思，白色的毛衣背心配灰色襯衫，第一顆鈕子是解開的，外套是一件拉鏈衫。他坐在我對面，有口無心地和我搭訕，眼睛卻觀察到場的其他女生。我的 Speed Dating 就在他伸長脖子四處看的時候拉開序幕。

我選擇的這家 speed dating 網站在香港在業內知名，運營十年。晚宴從八點開始，一直進行到十點半，費用是三百八十八港元包晚餐，地址選在銅鑼灣一家開在住宅大廈二樓的西餐廳，如果不用 Openrice 這種餐廳程式教路，餐廳位置真令人難以發現，食物出奇的簡易又難吃。當然，來此的人們志不在吃，大部分都食不知味。比如說，雖然飲料暢飲，但是男女嘉賓都幾乎不怎麼添加，我猜，為的是避免頻繁的去廁所。

參加的人先兩男兩女隨機坐下，開始用餐，一起分享面前的沙拉、披薩、雞翅肉腸蝦餅，差不多有四十五分鐘時間。所以我和面前的兩位男士交流的時間是最長的。其中一個就是R，職業是高校裡教 Computer Science 的老師，三十五歲以上，上段感情交往六年告吹。他說不清楚想找什麼樣的，但說要「靚」，然後立馬改口，「就是有眼緣」。這是他兩個月來第三次參加。

坐在我對面的另一個遲到了四十分鐘，姑且稱之為K。他西裝筆挺的出現，粉紅色的襯衫、粉紫色的領帶，微捲的頭髮，皮膚白淨，非常寬的雙眼皮。笑起來卻像還沒有下班，例行公事的微笑。

「你多大？」「你猜呢？」然後微笑、慢慢的眨眼……「你做哪行？」「你覺得呢？」然後微笑，慢慢的眨眼……我心裡默默OS幾句見不得光的粗口，心想這真是一個把肉麻當有趣的人。

K做的是項目策劃經理，三十九歲，平時一到週六都在加班，他也是這種 speed dating 的常客。他說兩年半前參加過無數次，當時剛剛分手。現在是覺得想安定的找個人結婚。

每人八分鐘

好不容易，晚上八時五十分，第一個破冰遊戲環節正式開始。男女嘉賓都會收到不同的單張。「請圈出四種擇偶時較喜歡的性格」，然後在場內找到和你所選的四種性格特徵匹配的男士名字。對女生的單張上：有男士風度、喜歡家庭生活、職業穩定、性格誠實等，表格列出了十六種不同的特質。而男生常常會圈的包括：溫柔、活潑、顧家、美麗等等。

這張表格還有個好處，當你在速配進行時，你想問對方，你喜歡哪種類型的女生，對方把表格給你看，你對號入座即可。

遊戲結束後，八分鐘正式開始，女生的位置固定不變。八分鐘一到主辦方搖鈴，男生起身換位。每個人面前都有一張表格，每個男生的名字後面有空格可以填筆記。有了這張官方發的表格，寫筆記就不會尷尬了。事實上，當我見到第五、六個的時候，我都有點想不起來前面兩三個都誰是誰。名字和臉很難對上，而筆記上的特徵可以幫我們更準確的定位人物。

十二個性格各異的男生輪番坐在了我的面前。他們的年齡大多在三十五歲以上（主辦方限定四十歲以下），印象中只有兩個三十五歲以下。但他們的年齡確實不具有辨識度，即使幾個就是三十九歲左右，看上去也僅僅像三十出頭。

他們非常模糊的介紹自己的職業，大致有投資管理、市場、美容醫師、測量師、工程管理，當中ＩＴ業和會計都有兩三個。沒有人互相深究職業的具體內容，因為那似乎不是重點，而且八分鐘遠比想像的要過得快。

他們職業各異，卻遇到同樣的煩惱，事業佔據了他們大部分的時間，而且工作圈子太小，認識不到異性，而統一經驗是「身邊朋友的朋友都認識過了，沒有化學反應，平靜如水。」

部分人表示經歷過一段很長時間的戀愛，可能是五年、六年，但因為各種原因止步於踏入婚姻殿堂之前。他們中有人的前女友家裡太有錢，家庭背景不配；還有一個男生說他的前女友想去日本深造，「有些女人太厲害了，就遠走高飛了」；當然最多的人會告訴我一個顛撲不破的男女分手理由：性格不合。

通常他們會自我介紹，然後說自己的愛好。而這些人的愛好清單，多數會說自己空閒時喜歡「打波」（打球）、行山、有時打機（打遊戲）。這當中有兩個男士有意無意的說著他們喜歡週末開車到處兜風。我原本以為大多數人會有一項是「看電影」，但沒什麼人提到這一項。

在八分鐘的時間裡，有些人的性格就和他的作推銷員的職業一樣，滔滔不絕像推銷產品；也有人非常緊張，說話結巴，靠手勢在空中揮舞來幫助自己發揮。

我遇到年紀最小的男生是二十六歲。在一家歐洲公司工作。他說他的工作環境太灰暗，稱公司內為歐洲人喜怒無常，而且年紀很大，有代溝，辦公室每天上演「宮心計」，他只想從這個 speed dating 找個真誠交往的朋友。

這當中還有個做醫學美容的醫生，按理來說周邊根本不缺女生。原來一年前他離過婚，有兩個孩子，而離婚的原因是兩個人都犯了錯。他說失敗的婚姻給他最大的人生教訓是，「我想找個正正經經的好女孩。」

在整場速配中，只有一個工程師的男生讓我覺得有點特別。他說話慢條斯理，一上來就對我的英文名字很感興趣，耐心的聽完我解釋這個名字的由來。談到興趣愛好，他說他喜歡讀書，一個理工男喜歡看書絕對是加分。但當我問他為什麼參加 speed dating，他很認真的說這是他二〇一六年的計劃，沒錯，他用了「計劃」這個詞。他三十六歲，但他之前沒拍過拖。他的人生需要按部就班，先事業有成，再建立家庭。

還有一個做人事管理 HR 的男生，他先像 HR 一樣，問了我幾個基本人事問題：家庭、背景、工作，對香港的印象、未來準備在哪裡發展。

我發現他們的身體語言看得出他們對你的興趣度。當我再次和 R 相遇坐在一起，他把身體往椅背上一靠，開始和我談今晚的食物到底有多難吃，從雞翅、義大利麵一路點評到甜品。

來多幾次 speed dating，來多幾次 first moment

當 K 又坐在我面前，第二次對坐始終可以談得深入些。我說你的樣貌和職業怎麼會缺女友，「你沒看到我前面遊戲的時候我一個人在吃飯嗎？我其實不喜歡社交。」他收起了之前輕浮的微笑，他說他前一個女友拍拖五年，因為去澳洲 working holiday 發生意外走了。我有點對之前輕易的判斷感到抱歉。

我問 K，有遇到合適的嗎？K 說有些人 first moment（第一刻）就能確定的，有些人可能是第二個、第三個 moment，「但 speed dating 只有第一個 moment，也沒辦法。但還是要努力試試。」事實上，參加者大多數參加過好幾次這樣的 speed dating，會計 A 跟我說，這是他第三次參加，上一任女友就是上一次這樣的活動結識到的。

說的都是男生，我也有留意同場的女參加者。坐在我旁邊的女生是個美女，自然成為全場的焦點，凡是坐到她面前的男生講話立即「自動波」，滔滔不絕又眉飛色舞。

結束時，走出店外，下著雨，地上濕，一個男士伸出自己前臂說：「扶著我，慢慢啊。」然後我看到旁邊那嬌羞的美女伸出芊芊玉手搭在他的前臂上，從她面前的兩格台階走下來……

回到故事發生的最最初，我宣佈正準備參加這場 speed dating，身邊一群高冷又八卦的媒體人幾乎不相信 speed dating 能遇到什麼真愛，但在我趕往參加 speed dating 親身體驗之前，他們又好像問我也問自己：「你想過嗎，萬一遇上 Mr. Right 呢？」

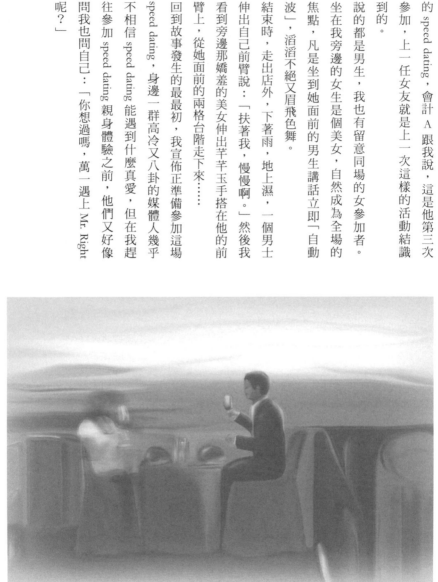

1.2

替兒女交換愛情簡歷的爸媽

地點：天津人民公園
作者：張妍

婚姻福地

職業紅娘田姐駐守在天津的中心公園已經有八年了。

她皮膚黝黑，可能是常年日曬的結果。她的髮型精心梳理過，還帶著閃亮的金耳環。她手裡那一本本簿子，密密麻麻記錄了青年男女的資訊：性別、年齡、屬相、工作、家庭情況和理想伴侶。如果你願意支付三十元人民幣，就能從她這裡取得一個相親對象的手機號碼；如果付三百元，你能成為VIP會員，田姐保證送你走進婚姻殿堂。

「告訴我你的情況，我給你安排。」田姐對進行暗訪的端傳媒記者說，她手上有三萬多條單身男女的資訊，遍佈北京、上海、天津，甚至海外。她愛崗敬業，平日除了吃飯睡覺，就是在促成相親。她指著攤位上模糊的照片，那是一幅熒屏截圖，向每一個人介紹：「我上過天津電視台，專業可靠。」

每個週末田姐都在這個公園裡，巨大的紅色橫幅上寫著不太通順的句子：「知名人士家長信得過的紅娘田姐真實可靠」。她總是一個人，沒人知道她的真實姓名。

記者報上自己的年齡，田姐馬上說出記者的屬相。「你是碩士學歷，那我就給你找個博士男，」田姐說心裡有一桿秤——未婚的找未婚的，大齡未婚的找離異未育的，成功率比較高。

像田姐這樣的職業紅娘，中心公園裡有四五十位。少數人擁有攤位，大多數將掌握的單身男女資料寫在紙卡片上，然後鋪在地上，搬個小板凳，一坐就是一天。他們對田姐的高調嗤之以鼻，都說自己從業時間更久，收費都比田姐便宜，從五元到二十元一條資訊不等，全都聲稱「比田姐更加真實可靠」。

公園位於天津市中心，建於一九一七年，原名法國公園，現在還保留著歐式雕塑和草坪。最初這裡是老人的晨練場所，老人愛聊兒女的終身大事——誰家的女兒還沒出嫁，誰家的兒子剛剛失戀。久而久之，單身男女的信息在公園裡傳來傳去，越來越多的老人慕名前來，把這當成了婚姻福地。

有些老人不能常來，他們將兒女的資訊留給常在公園裡溜達的人，拜託留意。這些公園常客手中的資訊越來越多，後來，有人專門收集資訊，再後來，有人在公園做職業紅娘。公園的名氣越來越大，每個週末人們摩肩接踵。

在這幾乎看不到年輕人的身影。當記者作為唯一的年輕女性出現在公園中，立刻遭到大爺大媽「圍堵」——能見到相親者本人，可算驚喜。大多數情況，這些老人只能逐一瀏覽枯燥的卡片，從寥寥數語中判斷卡片上的人是否可能成為孩子的未來伴侶。然而這些卡片，很少由年輕人親自登記填寫，多是父母代勞。

「我兒子不願意我到這來，嫌我丟人，」五十八歲的王阿姨第一個上前與記者搭訕。當記者表明並非前來相親之後，王阿姨也表現得無所謂，「我也是來碰碰運氣，誰都知道這裡頭有真有假」。

幾個星期之前，她在幾個攤位上各花了幾十元錢，留下兒子的資訊，那些紅娘說有合適的女孩就會給她打電話，可她一通電話都沒有收到，「錢打了水漂」。

於是她開始在公園繞圈散步，希望碰到同樣為子女尋偶的父母，卻總是失望。一位老大爺說女兒二十五歲，是中學老師，容貌姣好，「可這人看起來足足有七十歲，他閨女二十五歲，誰信？」王阿姨搖搖頭。

王阿姨說，她比較喜歡直接的父母。把子女的簡單信息寫在紙板上，掛在胸前：「男，二十八歲，無婚史，國企職工，本市人，有婚房」。「我也應該掛個那樣的牌子，一目了然，」王阿姨說，「可能那樣效率更高一些。」

民心工程

劉蓓的母親原先也在中心公園幫劉蓓尋覓佳偶。

「以前總聽說那裡成功率高，但是沒讓我趕上，」劉母對記者說起一件「極不靠譜的事情」，那讓她徹底放棄了公園相親。

「那位父親跟我年紀差不多，五十多歲，說話很客氣，他兒子和劉蓓同齡，是工程師，用他的原話說『人長的精神極了』，」對方遞給劉母一張兒子的照片，讓她覺得「誠意十足」。照片上的小夥子陽光帥氣，劉母心花怒放。可當她把照片拿給劉蓓，「這不是王力宏嘛！」劉母一下泄了氣，原來對方拿明星照片騙她。

好在劉蓓是公務員，在天津的某區政府工商部門工作。組織公務員系統內部的年輕單身男女聯誼，一直是政府部門民心工程的重要舉措。

在某次聯誼會前夕，劉蓓被同辦公室的大姐鼓動，填了報名表，除了基本資訊，還要提交照片。「因為都是系統內部的人，會比較知根知底，」二十六歲的劉蓓說，她還拉了另外兩位交情較好的單身同事一起。

聯誼會在天津體育中心的體育館舉辦，劉蓓當時就「被大場面驚呆了」。「烏泱泱的人啊，真的是好多人啊，至少有一千多(位)年輕公務員。」當時同去的單身男同事臨陣脫逃了，「他覺得實在丟不起那個人，於是只剩下我和另外一位女同事進去。」

「大家落座以後，領導會先上台講話，很正式的，」劉蓓回憶，講話完畢，領導退席，演講台就屬於大家了，「十個人一組，走上台去，逐一進行自我介紹，用一兩分鐘的時間說基本情況，屬於哪個機關系統，想找什麼樣的人。鏡頭對準說話的人，大螢幕即時投影，在場的人都可以看到你。」

劉蓓沒有上台，她說「現不起那個世(天津方言，指丟人)」，於是她和女同事就在台下蹓躂。每個單位有各自的服務台和巨大的展板，貼著單身公務員的一寸照片，註明年齡、學歷。

「很像選房子、看房源一樣，你看到哪個比較有眼緣，就去服務台，告訴服務人員我就要見某某號，然後服務人員就會打那個人的電話，把他／她喊到服務枱來。」

「有七八個人給我打電話，可我遠遠地看了一眼，就走了。整個感覺都不對。」劉蓓自從二十四歲大學畢業和大學戀人分手之後，就一直單身。「我從那回來以後特別絕望，我不明白為什麼在那麼大的基數內，就找不到一個我看著順眼的，」劉蓓對端傳媒記者說，那些人給她的整體感覺是「比較土」，「沒有特別出挑的」。

「說白了，通過這種形式進行相親，還是系統內的公務員，中規中矩的比較多。」劉蓓總結。

那天，很多公務員的父母也來了。一位老大爺攔住劉蓓和女同事，「看起來至少六十多歲了，特別特別瘦，都有點顫顫巍巍，問了我們倆的基本情況之後，就開始誇他的兒子，」劉蓓回憶，「他說他兒子是南開大學商學院畢業的，在天津市商務部工作，三十歲，今天不能來，是因為正在陪副市長出國考察。」

接下來，劉蓓被老大爺的話打擊到了：「老大爺說，他的兒子從來都沒有談過戀愛，因為他對女孩要求很高。老大爺還說，他要求女孩要孝敬父母什麼的，但是最關鍵的一點，就是要純潔。這位老大爺對著我們說，『你們懂純潔是什麼意思吧？就是必須得是處女』。」

在老大爺的再三要求下，劉蓓留下了手機號。當她索要老大爺兒子的聯繫方式時，卻被拒絕了。「我會和你聯繫的，」老大爺說。大約一個月後，劉蓓真的接到電話，「但聽上去，他應該已經篩選過一輪了，我在 waiting list 裡面，所以一個月之後才輪到我。」劉蓓與大爺寒暄幾句，掛掉電話。到最後，她也沒見到這位優秀的兒子，連他的聲音都沒有聽過。

遠程操控

五十四歲的張淑文第一次去中心公園給女兒找男友，就成功了。

中心公園有些紅娘攤位是專門經營海外人員的。「也就是說，子女在國外留學或者工作，美國、歐洲、澳洲、亞洲都有，資料也是分門別類的」，張淑文的女兒在日本東京留學，只有二十二歲，這不妨礙她在國內操心女兒的終身大事：

「我很害怕她會和外國人結婚，於是和我老公一起去中心公園看看。」

攤位前很多人，張淑文還沒和紅娘搭上話，就結識了一對為兒子找對象的夫婦。「他們的兒子也在東京，已經工作了，大我女兒七歲，」兩對夫婦就這麼聊上了。

張淑文在一家超市工作，平時負責整理貨品，收入不高，一個月三千元人民幣左右。她的先生身體不太好，幾年前就賦閒在家，愛好書法，喜歡談詩論畫。「我們家沒有什麼錢，但我們都很實在，不會說謊騙人。」張淑文說，那對夫婦看起來也一樣，衣著不華麗，但說話很誠懇。

他們躲開人流，走到僻靜一角聊天。「女兒在國外上學打工很辛苦，就希望她找個老實的人照顧她，」張淑文和對方說。「我們也一樣啊，兒子也老大不小了，希望他找個好姑娘成家呀。」對方回應。

他們之間越聊越細，從兒女出國的日子，到日本的物價和颱風，到生活的孤獨和對下一代的期盼。最後，他們交換了兒女的ＱＱ號碼。「倆人都在東京，讓他們自己聯繫去吧！」張淑文說。

女兒很聽話，很快和男孩取得聯繫。但進展緩慢，兩人雖都在東京，但距離很遠，保持ＱＱ通訊半年之後，才見面。

結果如張淑文所期待的，女兒和小夥子走在一起，到現在已經有八個月。儘管她從來沒親眼見到女兒的男朋友，但她毫不低調地在親戚朋友圈中擴散了自己的經驗。

「我是一個成功的案例，」張淑文很開心地對記者說，她的外甥女在美國加州讀書，家裡都很擔心她找個外國男朋友，她最近打算重返中心公園，希望像上次一樣，碰上一對同樣焦急的、兒子在美國生活的夫婦。

DO NO CROSS

Part 2

填滿夜晚的人

2.1

一期一會一張床

地點：香港時鐘酒店
作者：馮敏兒

城市和人一樣，每一個存在都是獨一無二的。香港一城，既保守又開放，時鐘酒店處在二者的交界點，它溫情而冷酷，熱烈而孤獨，許多時候，它是慾望的逃亡地，又可以一個轉身，成為情義的見證場。發掘它的故事，其實也是在發掘香港的「異質空間」，傅柯（Michel Foucault）所說的這種東西，在香港，其實還有不少，也混雜在許多其他事物中構成著這城市的獨特魅力。我訪問了數位時鐘酒店主理人，他們由旺角九龍塘說到中環，由七十年代說到而今……

正如愛情不止於情慾，時鐘酒店的故事，何止一張床、一對男女那麼簡單。王家衛的電影，總離不開旅館，好像那就是「花樣年華」的所在，愛情在裡面發酵，門牌有點特別，叫「二〇四六」。他說愛情是有時限的，會過期，也許對他而言，世界不過是短期出租的時鐘酒店。

現世的時鐘酒店沒那麼詩意，香港人愛把時鐘賓館、情侶酒店稱為「炮房」，去開房叫「爆房」，它只有功能性的意義：不要問客從何處來，只道春宵一刻值千金。

時鐘酒店是典型的情慾陽台，用來初嘗禁果，用來偷歡，用來挽救不幸，尋找慰藉。這個社會上的邊緣地帶，其實一直深具社會功能，它補償了諸多不便的家，也包庇著尋租客的需要，以免於車震、殘廁、荒野、當街當巷、巴士後排，諸如此類的「險地」。

拍攝時鐘酒店的人

攝影藝術家陳偉江，是個用相機看世界的人，菲林機刻不離身，長年流連時鐘賓館，鏡頭下不時出現暴露性器官的裸女。不難在他的作品中找到森山大道、荒木經惟的春色無邊。他把去年的雨傘運動，戲稱為 Umbrella Exercises，語帶相關地暗指在佔領街頭的「做愛習作」。

陳偉江說：「我的初戀女友不太喜歡去時鐘酒店，因為她總覺得那兒汙糟，相反我就好鍾意。年青的我，總喜歡尋找懷舊有趣的場景，例如昔日的九龍塘，大部分的時鐘酒店佈局，都是仿照電視劇《鱷魚淚》中男主人的豪華大房。那個發了跡的男人搬進了一間大屋，裡面安置了一張美侖美奐的大床。」他迷戀那種時間停頓的異色。

「第一次上時鐘酒店，是少年時與一班同事在旺角唱K後不想歸家，便一起租住了一間廉價時鐘酒店，他們每一分鐘都來叩門，問你要不要性服務，而後來這種地方，都變成了明刀明槍地提供一條龍性服務的馬檻時鐘。」他說。

「精力旺盛的少年時代，是性歡愉的黃金時間，很可惜我當時遇上的是那種厭三厭四的初戀情人，當我能夠連續做三、四次的時候，卻沒有遇上可以合拍的對手，是我人生的遺憾。又如果，我年輕的時候已經愛上攝影，就一定會很開心，因為那時的旺角，實在可一不可再，黃色招牌林立過千，通街都是妓女。」

時鐘酒店的靈魂

多年以前，陳偉江曾經在充滿文藝氣息的JCCAC（賽馬會創意中心）邂逅了一位日本少女，相約同遊澳門和旺角的時鐘賓館，尋找風光明媚的攝影對象，他們在殘舊的旅館裡懷舊、尋歡、做愛，即使語言不通，也無阻風流韻事。

「我的慾望很強，也很貪心，既想尋幽探勝，又想拍下私密相片，更想做愛。」他說：「在情侶酒店拍照，如果沒有色情成分，我不知道攝影還有何意義？正如有次我坐上一列從東京開往北海道的火車，我想如果在那美麗的獨立車廂內，與日本女友做愛，同時拍下豔照，會是多麼精彩的事情，否則無論那個車廂有多美，也沒意思。所以如果沒有女伴，愛情酒店便沒有靈魂，拍照將變得毫無意義。」

他跟初戀情人做愛的時候不准拍照，一直令他感到遺憾：「其實陳冠希的豔照門照片一點也不特別，每個人都是這樣的。」

「我跟現時的女友在精神上的愛有九十分，但可能因為體味的問題，肉體上未能完全滿足我的慾望，所以我跟自己說，有些事是沒辦法的，唯有在外面偷情，而難得她也能夠接受，當她看到我拍攝的少女裸照後，就難免對我懷疑，而我亦從不否認自己會出軌。」

陳偉江和他女朋友都很喜歡電影《有人喜歡藍》（Blue Valenti），當中男主角帶著老婆離家走入情侶酒店，原希望帶來驚喜和刺激，但現實卻是，這段婚姻已經無可挽回，他已經陷進襄王有心、神女無夢的困境。

從一夜情到 get away

Anna 與男友同居，卻沒有從一而終的包袱，間中更會淺嘗一夜情的滋味，但她堅定認為一夜情半點不浪漫，「只是性慾」，她說。

「偶然會結伴夜蒲，在舞池上與陌生男性發生身體接觸，如果感覺合拍，大家均有表示，就會發生一夜情，中間可以不涉及任何閒談，而且在蘭桂坊那種地方，你可以輕易地認出男性那種 hunting 的目光。」

「一夜情少不免要上時鐘酒店，其中一次我上了那位陌生男士的家，因為他就住在荷里活道，我

時鐘酒店。

做完就走，不會留宿過夜，一次性，沒有什麼記掛。而那些我會留宿的，之間一定有過較深入的談話，不過我的 pickup 對象，大部分都是外國人，本地人的交往一般都是從約會開始的。」她說「與陌生男人進行性行為無疑是一場冒險，掙扎和恐懼總會有的，但通常都在事後，置身其中根本不懂恐懼，只是後來經驗多了，才愈來愈知驚！」

Anna 很喜歡情侶酒店的異色，即使她與男友同居，亦會不時租住情侶酒店，她認為那是一種必需品：「我有不少女性朋友，三十多歲人，還跟屋企人一齊住，甚至沒有自己的房間，即使拍了拖、結了婚，擁有自己的房間還是很 luxury 的奢望，所以香港真的很需要愛情旅館。其實，時鐘酒店比自己的家或男友的家都更安全，它給予我們協力廠商的中立地方。」

她說：「如果我們是親密的男女朋友，我對情侶酒店的要求便會高很多，因為那是一種 get away，而日本就有很多不同的選擇，亦非常出色。遇上賞心悅目的情侶酒店，情慾都會高漲很多，相反則會打擊心情。」

最風光的年代

百佳（百佳酒店）、維記（維多利亞酒店）是香港時鐘常客最熟知的兩大分店，不過陳偉江則認為只是較為乾淨，缺乏特色。有段時間，他逃避債主，便常租住較有懷舊色彩亦較廉價的蟠龍、金城等；有錢的時候，會住住九龍塘，例如現已結業，改建自李小龍故居的羅曼酒店，和較為昂貴的新式精品酒店等。我嘗試探問這些傳統的情侶酒店，都不得其門而入，保守主義還是香港時鐘酒店經營者的主調，不過還是也訪問到三位較為開明的時鐘酒店主持人。

鍾先生經營的九龍城桃園賓館，七〇年代已經營業，有九個房間，陽光大片地照亮整條走廊，窗外窗內都跟八〇年代的風情相若，門關的絕版磁磚上，還鑲有典型的七〇年代金屬浮雕裝飾。鍾先生說：「經營時鐘賓館就像包租公，工作苦悶、困身，都不是生意來的，要等到地下鐵路通車，自己已經太老了！」在他口中，現時的時鐘客佔了半數營業額，但很少年輕人，大多是上了年紀的熟客。

他憶述前塵：「最風光的年代是啟德機場還在的時候，那時賓館林立，成行成市，七〇年代最高峰，人們來機場送客或接機之後，就會順道上來開心一下，解決異地相思之苦。那時什麼類型的客人都有，流鶯、黑社會，品流複雜。自從一九八三年經營賓館需要領牌後，數量便大幅減少，機場搬走之後，我們的客人就只剩下老街坊了。」

問鍾先生有否多年相熟，他一面為難地說：「時鐘客人從來人走茶涼，即使熟客都從來不會多交談，他們來去匆匆，總是趕時間返工，不漏半句口風，我們也不會問。」

在桃園賓館不遠處，雅達小築的女管房也稱熟客仔大多是上了年紀的，五六十歲吧，近來生意淡薄，一個早上只做了三單時鐘生意，僅得三百元收入。

其實全港十八區，除了西環，差不多區區都有時鐘酒店，傳統賓館除了旺區，主要時鐘客人都是上了年紀的。例如經營半世紀以上的大埔賓館，六七十歲的老人家還是其主要用家之一，那兒的管房婆婆亦觀察到，客人大多都有固定情人。而那些俗稱「企街」的，在街頭「招商」的風騷婦人，也看不出是時鐘酒店的用家，因為她們一般都有自己的一樓一私竇，但當然，真相不會讓你輕易知道，除非你有幫襯。

金融中心的慾望城池

也許性需要沒有年齡界限，卻有地域的差異，中環的時鐘酒店，就跟別區有著明顯不同。At The Eden 酒店和 Linn Hotel 是港島中上環一帶唯一的時鐘酒店，除了更年輕，儷影雙雙的中環人，少不了金融中心的光鮮，那兒沒有油尖旺的惡煞紋身，亦不會出現背心拖鞋的隨便。

At The Eden 的經理 Elsie Kan 指出：「我們是以

第一代智慧酒店起家的，在二〇〇七年接手經營，但早在二〇〇二年開始，前業主已經把這兒打造成時鐘酒店。我們接手後，本想改裝成智能酒店，誰知動工期間已經有大量為了解決性需要而來的時鐘客叩門，盛情難卻之下，竟錄得數十萬元的可觀收入，因此智慧酒店的計劃被打斷。」

「我們本來還擔心時鐘酒店品流複雜，怕應付不來，更怕女員工的母親聽到女兒在時鐘酒店工作會被嚇怕。但原來，置身金融中心的客人都非常斯文，亦沒有同事因為轉做時鐘酒店而離職。十年下來，六、七成都是熟客，來來去去同一班人。每天午飯時間和下班之後都最繁忙，客人都趕緊在那段空檔『開餐』。」

「不過時鐘酒店並非純粹只供情侶『搞嘢』，有些客人只為了上來休息一會、洗澡，甚至哺乳、試婚紗。我們的外國客人約佔一半，不過每逢大時大節，就生意淡薄，大家都要交人，遇上旅遊淡季，也不能倖免，因為四星級酒店為求速銷，甚至比我們更便宜。」

Linn Hotel 位於夜蒲核心地帶蘭桂坊，開業兩年，主持人 Simon 從事地產生意，數年前合資買下整層住宅物業，開出十個房間的精品酒店，設計簡約，亦很講夠情調氣氛。

Simon 雖然對日式歌舞伎町 style 的情侶酒店品味很認同，但他認為：「未必適合香港的環境，亦未必有足夠消費者支持，因為香港的富二代比較西化，大多喜歡 party，而非歌舞伎町式 style。」那在別的地區開花結果又如何？他說：「沒有足夠信心在別區經營，假如你在灣仔開業，就要直接跟百佳、維記競爭，而你只能鬥平。經營一間時鐘酒店的成本絕對不輕，領牌過程需時一年，期間不能營運。」所以他目前選擇紮根蘭桂坊，努力做好自己的品牌，靜待機會。

時鐘酒店有很多潛規則，例如 Elsie 會指導員工，不要對客人太好招呼，也不要太有禮貌，太熱情，更不要說：「Welcome Back!」、「先生你又來嚕！」都是大忌。雖然香港還有不少時鐘賓館明言不接待男男或女女的同性戀人，但 Elsie 指出：「那是一種歧視，在香港同性戀是合法的。而且要管也管不著，客人前後腳，你根本不會知道。除了未夠十八歲不能租用時鐘酒店外，同性戀從來不是問題。」

另一方面，Elsie 說他們其實不多做內地遊客的生意，「因為有不少內地客，一聽到是情侶酒店，便會破口大罵，他們看不起時鐘酒店，但外國客人一般都不會介意租用情侶賓館的。」

時鐘酒店的牆與窗

做愛時發出的強猛呻吟聲，在香港屬於集體禁忌，擠迫的都市生活，早令我們習慣了自我消音，但在時鐘酒店，那是容許的，它本質縱容大聲叫床。

Elsie 就有次突然聽到很淒厲的慘叫聲，還以為有人掉下了樓梯，轉念才記起自己身在時鐘酒店。雖然從時鐘酒店論壇，你會發現有人喜歡隔壁的呻吟聲，以助興挑情，但亦有不少希望隔音完善的訴求，但原來那幾乎是不可能的。

Elsie 說，「其實完全隔音是不可能的，我們也沒有客人要求隔音。」而 Linn Hotel 的 Simon 亦認為，客人並不想來到一個死氣沉沉的地方。不過他們還是會把日租和時租客分隔開來，以免做成干擾。

其實時鐘酒店作為一個半公共的場合，亦少不免會遇上尷尬場面。例如在那些不甚講夠私隱的賓館裡，客人要在大堂排隊等房，結果那些步出房間的情侶們，就不得不在眾目睽睽之下，成為眾人評頭品足的話題。

雖然較高檔的情侶酒店都會盡力保護客人私隱，例如設有隱蔽茶座、屏風、後門、汽車帳篷等，但這個險還是不能不冒的！時鐘酒店是偷情與敗露的矛盾共同體。

Linn Hotel 的管房 Amy 姐就發現很多女客人都不喜歡有窗的房間。她當初還以為就像樓盤一樣，人人都愛多窗、通風、好陽光的房子呢。也許「爆房」從來都是私事，更多少屬於偷情的領域，任何有機會洩漏半點風聲的可能性，也許都會帶來不安。

不應該只是一張床

Anna 曾多次到訪歌舞伎町：「那兒有過百間不同款式的情侶酒店，整件事都遠比香港專業，亦隨時比香港更便宜。嚴格來說，香港沒有正式的精品時鐘酒店。」她對歌舞伎町情侶酒店套房內的維納斯雕像印象難忘，也會對那個不屬於這個時代的床頭櫃著迷，她說：「有少少故事，有一點細緻，人都會開心一點，情侶酒店不應該只純粹是另一張床。」

不過，Elsie 的經驗是：「廉價、乾淨才是時鐘酒店的根本，裝修得天花龍鳳，客人也不會欣賞，大家都趕時間，沒有欣賞的閒餘。倒有客人為了展示自己的強，開口就要租三小時，其實最低消費只需兩小時，到頭來半小時便退房了。」

時鐘酒店的衛生，向來是女顧客最擔心的問題之一，直接影響情慾，例如有地氈的旅館，Anna 便一定會穿拖鞋，牆壁也一定不會碰，用自己帶去的毛巾；陳偉江的一位舊女友會帶上床單；更有網民強調，床單、枕頭、毛巾一向自備，另一網

時鐘酒店房內。

民更極端：「平時你撞到果啲背囊友（背包客）全部都係去開房，世界邊有咁多人鍾意露營。」Amy 倒從沒在意這點，只是偶然會發現客人遺下了幾件 cosplay 戲服和ＳＭ手鐐之類的道具。傳統的時鐘酒店貴賓套房常鑲有大鏡，Anna 說：「我們一般很少會見到自己做愛的過程，你會見到自己和對方的另一邊，原來是這樣的，那是一種新體驗，總帶給我某程度的 shocking。」但 Simon 卻說：「愈多鏡愈麻煩、愈危險，那實在太似馬檻了，要多鏡不如上馬檻，那兒上下左右全是鏡呢，多花心思營造偷偷摸摸的偷情 feel 已經很足夠了。」

2.2

Propaganda的最後一夜

地點：香港蘭桂坊同志夜店
作者：孫賢亮

二〇一六年一月三十日，週六日之交的午夜，香港 Soho 區的蘭桂坊委身酒神，中環人脫下筆挺西裝，扯歪領帶，慾望甦醒，意亂情迷。我與眾多灌飽酒精的人置身在擁擠的舞池中央，隨著ＤＪ打出的重低音、快節奏音樂搖擺肢體，忽明忽暗的鐳射賦予所有人 locking（鎖舞）舞技，關節在快速動作中突然定格。

一切與其他香港夜店似乎沒什麼不同，唯一特別的是，這裡九成顧客是男性，而他們搜獵的目標，也是男性。

這是香港歷史最悠久的 Gay Bar（同志夜店）Propaganda。它成立於一九九一年，為香港同志服務了四分之一個世紀，是夜最後一晚營業，後應眾要求加開二月六日、十三日兩晚。在同志圈內，它早已成為集體回憶，他們喜歡親切地喚它「ＰＰ」，這甚至成了同志身份認同與彼此相認的接頭暗號。據稱同志間喜歡互稱「member」，也是因為早年進入 Gay Bar 首先要成為該店的「member」，久而久之，同志本身也成了一種會籍身份（membership）。

One Night in Gay Bar

這是ＰＰ的最後一夜，我卻是第一次來。無數 member 前來與ＰＰ話別，起碼兩百米長的人龍站滿了夜店門外狹窄的街裡，在「石板街」上轉個彎，綿延到荷里活道。

正對著門口的碩大海報是赤裸的男性上身，肌肉線條清晰，顧鏡自憐，海報上寫著《聖經．創世紀》的句子：「It is not good for man to be alone. I will make a companion for him who corresponds to him.（人／男人獨居不好，我要為他造一個配偶幫助他）。」

付了兩百五十元入場費，寄存背包，轉身就到照明充足的中庭。許多人在兩塊圓形幕牆圍成的區域合照留念，將祝福貼在牆上。左側是舞池，右邊是吧檯，我們右轉去拿飲料，我點了一杯 Gin Tonic，周圍打量，其他人也一樣在打量。在夜店的曖昧空間中，目光猶如情慾的火舌，等待四目交投時迸發的電光。

我問同志朋友D，同志是否天生有著「Gay Radar」，一眼就看穿一個男人喜歡的是男人還是女人，他說未必。而坊間盛傳的男生打耳洞「左型右Gay」定律，看來也是個訛傳，我看到當晚絕大多數有耳洞的人都打在了左耳。

女伴M喝著酒，一邊對我耳語說，女生來Gay Bar不擔心吃虧，但看著滿地英俊，總為他們不會愛上自己而深深遺憾；「哪怕現在我脫光，同志們也不會瞄我一眼，說不定還覺得噁心。」她眼神中透出一絲遺憾。

舞池邊設有男女廁所，但事實上這些區隔在這酒吧裡形同虛設，大家「有需要」就直接推門而入，空位先到先得。M又悄悄告訴我說，她的一位同志朋友，就是在PP的「那一格廁所」獻出初夜。

情陷夜蘇杭

為何歷史悠久、多人捧場的PP會結業，同志

Progpoganda 舞池。

D是這樣認為的：「現在網上交友越來越方便，同志交友ＡＰＰ也越來越多，Gay Bar也就經營不下去了。」

當異性戀可以在生活中的任何時空激發衝動，同志的愛戀則不得不進入一些幽微的場所，他們的情慾空間，隨著時代變遷不斷轉移陣地。

早些時候，香港同志的約會場所是公廁或公園。其中，位於中環威靈頓街一個英式地下公共男廁最為人知。沿著旋轉的樓梯拾級而下，就會進入上世紀同志戀人一夜歡愉的私密空間。另外，九龍公園游泳池的地下二層更衣室，也是同志熱衷的邂逅之地。那時，大家會在member雜誌留下自己的住址，給對方寫信，隨著Call機（傳呼機）漸漸盛行，就留Call機號碼。

到Propaganda成立的一九九一年，香港立法局通過將同性戀非刑事化。二〇〇四年，男同志間合法性行為的最低年齡由原來的二十一歲，看齊異性戀的十六歲，同一年，香港舉行了歷史上首次同志遊行。

「二〇〇六年，我出道。」Ringo那時只有十四歲。「社會把異性戀當作常態，活在『主流』陰影下，我們只能是一個『圈子』，出道就是進入同志圈、認識自己人的意思」。Ringo出道之時，互聯網交友方興未艾，如Ringo年輕的同志開始流連在網絡論壇找對象，最具規模的便是「TT1069男男貼圖交友區」。「那時我會去網上找人尋歡，不過大家傳照片也會很小心，一流出就等於『被出櫃』。所以很多時候還是喜歡真實空間，即方便、快捷，也更私密。」

所謂真實空間，Gay Bar就是其中一個消費選項，「以前，每次在ＰＰ急著要去廁所都很麻煩，廁格都都擠滿了，要排很久隊。」Ringo說。除了ＰＰ，上環蘇杭街一帶也雲集了好幾間知名Gay Bar，比如Zoo、Wink、Beat、Queen等等，甚至有同志戲稱「情陷夜蘇杭」。午夜以後，大家提著酒杯站出酒吧外的馬路，物色心儀對象，準備出彩的開場白。

Gay Bar以後，還先後出現同志桑拿和同志

ＳＰＡ。我在網上找到名為「My Way / Jungle」的同志桑拿，幾乎每晚都設有一個主題，如「人山人海無巾派對」、「中佬 Happy Day」、「小鮮肉の Fantasy」等等，一次收費也不過百元。Ringo 說同志桑拿中設置桑拿房、沖涼房其實是為了獲得政府發出的合法牌照，顧客前來往往心猿意馬，在更衣區就互相打量，彼此合意就一起前往黑燈瞎火的「迷宮區」，進入其中同樣沒有照明的小黑房，做一晚情人。

「同志ＳＰＡ就是『骨場』，和其它直男的骨場沒有兩樣，只是技師換成男人」，Ringo 或許察覺到了我臉上閃過的不解，坦白說，「Member 間確實會比較開放，因為我們不必擔心懷上孩子。另外，男人性慾更強，也更花心」。

據香港非政府慈善組織「關懷愛滋」的統計，現在全港同志的夜場約有十三間酒吧，十五間桑拿，以及二十一間ＳＰＡ。「關懷愛滋」是這些場合的「常客」，旨在教曉男同志雖然不擔心懷孕，但安全性行為仍是必須。

近年，同志交友ＡＰＰ興起，最知名的是 Jack'd 和 Grindr。我也試著下載，一打開就見到滿螢幕健碩的肌肉，大家都清楚寫明目的，一夜情還是戀愛交友，一切都變得直接了當。

同志朋友小頭也對我說過，「同志圈讓人覺得很亂，其實也算是對事實的一種描述。同性戀本身就被視作『離經叛道』，已經豁出去了不在乎符不符合所謂『道德準則』」。其實同志有 Grindr，直男也有交友 App Tinder。「不管同性異性，要亂搞的人還是亂搞，要忠貞的人還是選擇忠貞。」他補充道。

衣櫃內外的天堂

我和 Ringo 約在一家吉野家聊天。他留著一頭齊肩長髮，他說是變胖後才開始留的，為了達到瘦臉之效，「我男朋友天天餵我吃好多東西，體重一直飆漲，這樣他就放心不會有其他男人來追求我，』Ringo 笑意盈盈說起自己的愛人，一邊用筷子夾著烏冬在小火鍋裡涮，大快朵頤。

他和愛人一起已經五年，這在普遍交往幾個月、鮮少達到一年的同志圈裡，已算奇跡。他倆的愛情故事非常現代，從社交網站 Facebook 開始，「有日收到陌生人的好友邀請，雖然兩人完全沒有共同好友，我鬼使神差地接受了」。兩人從 Facebook 聊到 MSN，再轉到電話，待到第一次在線下見面，就直接默契地牽起手。後來，Ringo 問起他的愛人當時在 Facebook 上如何找到自己，而他也無法清晰憶起，「一切彷彿命中註定。」我問：「找到真愛了嗎？」Ringo 靦腆地微笑點頭，接著說：「真愛就是兩個人天天在一起，也不會覺得悶。」Ringo 出櫃早，幸運地得到家人的理解和支援，他的愛人尚未出櫃，現在兩人在 Ringo 家與其母親、妹妹同住，其樂融融。我感慨，這更坦誠瀟灑。Ringo 說：「大概是因為我們沒有世俗壓力吧。異性戀愛往往介入了彼此社交圈，愛情套上層層疊疊的社會紐帶，有時，愛情沒有了，分手卻很難。同志反而容易，和所有不被主流接受的『地下情』一樣，戀愛只是兩個人的事」。

「想結婚嗎？」我問。「想，但我不會去外國註冊，我是香港人，要結婚也要在香港結，要得到香港的認可。」Ringo 答得堅定。

我與另一對剛戀愛月餘的同志戀人，約在以素食聞名的旺角花園街晚餐。嚴格茹素的 Tom 一落座便告訴我，「這是我們第一次一起外出吃飯時來的店」。後來知道，以前吃肉的 Sunny，為 Tom 而茹素，起初不習慣，但久了也就不想吃肉了。

Sunny 一落座，直瞪瞪地看著我，劈頭就問：「你覺得真愛是什麼？」我愣住了，我還是請他們從自己的故事講起。他倆在位於銅鑼灣的 Gay Bar「Lab」中相識，大約一週後 Tom 表白，但不成功，被拒絕時「最嚴重一天哭九次，到處找朋友聚會，但一散場就又一人哭得撕心裂肺」。

「但在最絕望、打定主意放棄的時候，他又會噓寒問暖，我就又淪陷了。遮罩了他，第二天又加了回來」。又過了一週，他們到底還是在一起了。Tom 邊說，邊不停給 Sunny 夾菜。Sunny 靜靜地聽，當他翹起腳時，Tom 開口制止了他，他便放下了腿。一整頓飯，兩人好幾次自顧自地聊了起來，一旁的我，成了戀人打情罵俏時明亮的「電燈膽（燈泡）」。

末了，我還是沒能回答 Sunny 一開始的問題，我拿來反問他。他說：「並不存在真愛這個名詞。愛是一個動詞」。Tom 接過話茬：「只要是和他一起吃的一定最好吃，和他一起看的電影一定最好看。」二十出頭的 Sunny 已經出櫃，而大他一截的 Tom 在與其墜入情網後，第一次與身邊親近的朋友表露了自己的同志身分。兩人現在正想著如何能同居在一起。

Ringo，Sunny 和 Tom，在他們的愛情路上已經揚帆，我的另一位同志朋友小頭，他的天堂還藏在衣櫃之中。

小頭對我說：「其實愛情本身就沒有什麼結局可言，如果硬要講，大概就是還是愛或者不愛了而已。追求要一個什麼結果的人，大概要的是婚姻或者一個被承認的關係，而不是愛情本身吧。」他還沒談過戀愛，但他有暗戀的男生，也拒絕過喜歡他的男生和女生。「就算此生就是一個人過了，但能發自內心地愛一個人，這件事本身就很美好，我不會放棄。」

The end of an era

夜更深，一晃，我在ＰＰ待了兩個多小時，喝了兩杯。

直男的我，很快就興趣索然。讓人興奮起舞不僅靠音樂、燈光與酒精，也需要情慾對象，就像圍著篝火起舞的原始人，求偶是其最終目的。

百無聊賴的目光，落到了我面前一對年約半百的中年男人身上。一個緊閉雙眼、耷拉著腦袋，另一個從他身後環抱他的腰，兩人一起悠悠地晃動身體，與動感的鼓點與燈光顯得格格不入。我猜想他們是不是九〇年代就在這裡相識？現在是不是各有「形婚（同志與女子形式上結婚）」甚至子女？ＰＰ落幕，他們又該何去何從？

我想起與 Tom、Sunny 告別前，Sunny 問我：「我們和你們其實都一樣，為何要採訪同志？」我說：「正是因為我們都一樣，這對許多人而言，或許是新聞。」

撰文之前，我惡補了香港同志的歷史。一九八九年，香港著名舞臺劇導演、本身亦是同志的林奕華舉辦「同志電影節」，首次以「同志」指稱同性戀者。一九九一年，同性戀非刑事化。二〇〇四年，香港舉行了第一次同志大遊行。二〇一二年，香港著名歌手黃耀明、何韻詩以及立法會議員陳志全公開出櫃。

二〇一五年六月二十六日，美國最高法院宣佈，同性婚姻的權利受到憲法保護。目前，香港的同志還無法結婚。

快要離開ＰＰ的時候，我瞥見中庭的留言牆上，有一張黃色便籤上寫著「The end of an era! Goodbye Propaganda!（一個時代的終結！別了，ＰＰ！）」，署名「ＯＯＸＸ」。

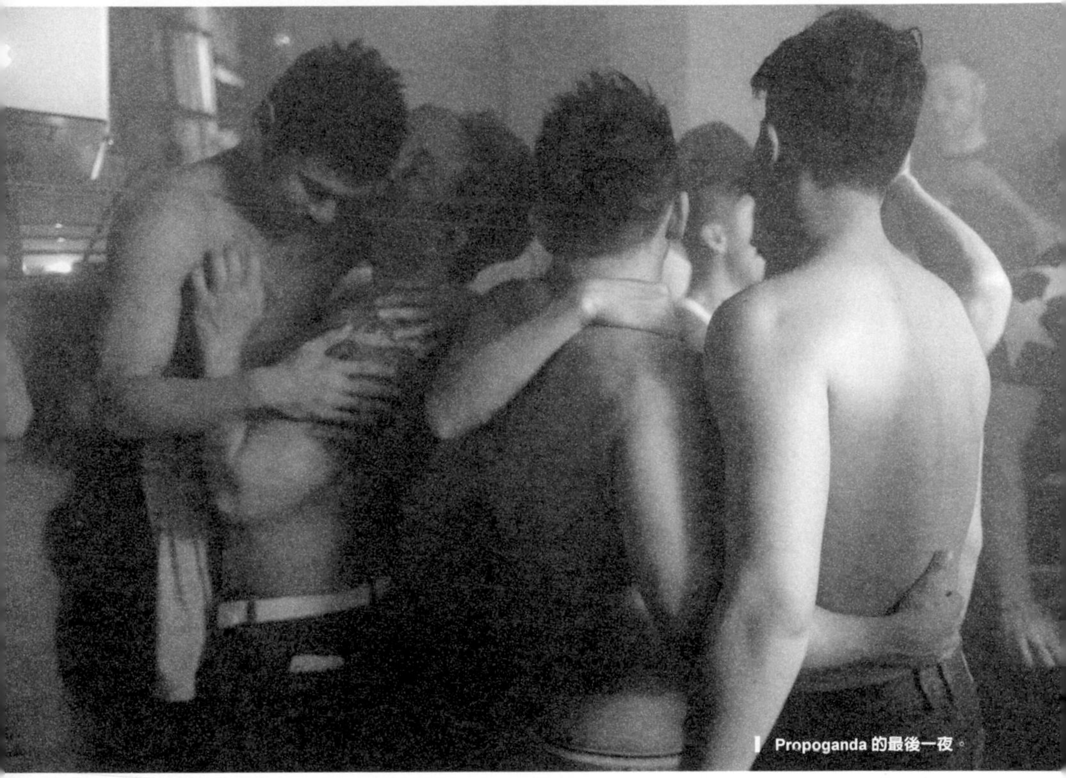
Propoganda 的最後一夜。

Part 3

情感產業鏈裡的人

3.1

包養帝國的的皇帝和子民

地點：網絡與現實交界面
作者：馮兆音

「世上沒有真愛。」

說這話的人，創建了一個年營業額三千萬美元的約會網站帝國。

「我指的是，沒有那種一見鍾情、小鹿亂撞的『真愛』。」他把雙手放在胸前，誇張地抖動了幾下，模仿心跳的樣子。

「真愛，是窮人發明的概念」

他叫 Brandon Wade。今年四十五歲，髮線有些後移，高而瘦，平時常穿樸素的格子襯衫和牛仔褲，戴著一副灰框眼鏡。不認得他的人或許很難想像，這個帶著書呆子氣、其貌不揚的男人，一手創辦和經營多個被認為有拉皮條之嫌的約會網站：

- Seeking Arrangement，專為出手闊綽的乾爹（sugar daddy）和接受包養的糖寶（sugar baby）牽線搭橋；
- Seeking Millionaire，男性用戶全是百萬富翁；
- Miss Travel，專為男性資助女性用戶免費伴遊；
- What's Your Price，明碼標價拍賣約會；

Brandon Wade 認為，真正的愛情，是為對方解決問題，各取所需。

• Open Minded，供尋找3P、4P的對象。

其中，推廣包養關係的Seeking Arrangement營利最高。成功富有的乾爹願付禮金、禮物，與年輕性感的糖寶約會。目前，網站有約四百萬糖寶以及一百二十萬註冊乾爹，遍佈世界一百三十九個國家，其中百分之二十五乾爹已婚。

「所謂真愛，是窮人發明的概念。」在Wade看來，窮人容易墜入情網，但只有富人，才能輕而易舉、變著花樣地表達愛。「真正的愛情，是為對方解決問題，各取所需。」他狡黠一笑。

「你好好讀書，以後成功了不愁沒有女朋友」，網站的核心概念來自於三十年前媽媽給情竇初開的Wade的忠告。

Wade出生在一個新加坡華裔家庭，中文名字叫魏立，取「獨立」的意思。他從小就是尖子生，曾獲奧林匹克比賽大獎，高中畢業後考取美國麻省理工學院物理系。但這個資優生有個難言之隱：對追求女生一竅不通。

十七歲時，Wade計劃對心儀已久的女同學表白，卻在女孩面前栽了一個大跟頭。「我起身的時候，還不小心踩了她一腳！」他站起來後，臉好像燒紅的鐵塊，又紅又燙。存蓄多時的勇氣，只夠供他說出語焉不詳的「我很害羞」。女孩全程都在大笑。「從此以後，每次遠遠看到她，我都掉頭跑。」

碩士畢業後在科技公司謀得高薪厚職的Wade，情路依然不順。一不做二不休，為了幫自己找女朋友，他在二〇〇六年自創了以包養為主旨的約會網站，成為了第一個註冊會員。

「你不覺得這很符合亞洲傳統的約會文化嗎？男人負責寵愛女人。」Wade說。

「你一共交往過幾個糖寶？」

「太多了」，他神祕一笑。

「當sugar baby，向學貸說拜拜！」

二十五歲的Chelsey留著金色捲髮，妝容精緻，穿著露出一截肚臍的緊身小背心和開衩短裙。她第一次聽說 sugar baby 這個名詞還只是在一年前。「我當時覺得，這聽起來好奇怪啊！」Chelsey 甜笑著說。

然而，她很快上了癮。「我試了第一次，之後就停不下來了。」

那次，她陪一個紐約乾爹吃了頓晚飯，回到家後打開手包，發現裡面多了一千美元。在當 sugar baby 前，她曾在餐廳當侍應生，時薪為八美元。

Chelsey 與乾爹們約會的這一年，收到約二十五萬美元的包養津貼，她用這筆錢還清了大學學生貸款。

據統計，美國二〇一五年的大學畢業生中，有超過七成背負學貸，平均貸款達三萬五千五百美元。Seeking Arrangement 註冊的糖寶中約有一百四十萬人是女大學生，她們每月平均收到價值三千美元的禮物和津貼。

「當 sugar baby，向學貸說拜拜！」是 Wade 團隊重點推廣的營銷策略，女學生中不少來自紐約大學、哥倫比亞大學等名校。

「我很開心，但我還想要更多。」Chelsey 又發出了銀鈴般的笑聲。如今，她正在緊鼓密鑼地籌備自創時尚服裝品牌。「我的品牌將走 Kardashian（卡戴珊，美國電視真人秀主角）風，好幾個乾爹在幫我，將來會在拉斯維加斯和加州開店。」

根據網上流傳的一篇名為「Sugar baby 黃金法則」的文章提醒：永遠要備有計畫 B（後備計劃），不能只仰賴包養津貼過活。

現在，Chelsey 同時和十二個乾爹約會，從三十到六十歲，從醫生到金融、房地產業、賭業、餐飲業商人皆有。她一度同時跟三個叫 Todd 的乾爹約會，發手機信息時，還曾一不小心搞錯了。「幸好他們沒察覺。」Chelsey 邊說，邊伸手遮住笑開的嘴。

對於已婚的乾爹，Chelsey 會特別注意，從不主動聯繫他們。「已婚的通常不需要太多關注，只想有個漂亮女孩，不時陪他玩一玩。」「Sugar baby 黃金法則」第七條，切忌黏人，保障乾爹隱私，絕不在社交媒體上曝光關係。

對於有意包養的各路乾爹，Chelsey 幾乎來者不拒，已婚、外貌醜、年紀大都不是問題。「只有個性奇怪、酗酒、第一次約會就要上床的人，我再也不見。」

「同時涉及性和金錢，並不代表就是賣淫」

Wade 說，他的網站有嚴密的用戶過濾及舉報機制，騷擾他人和企圖賣淫的惡性用戶會被清除。他在烏克蘭的分公司負責用戶身份驗證，每張上傳的照片和每句個人簡介，都有真人審閱。分公司辦公室牆上掛著一名上了黑名單的美國男子照片。據說，他付不起承諾的包養金，卻又沉迷和糖寶約會，鬧出許多金錢糾紛。他多次在網站上註冊分身，又反覆被除名。

「這個網站是個工具，就像一把鋒利的刀，可以說它危險，也可以說它有用。」Wade 和下屬面對關於包養關係中尖銳的倫理問題時，都給出了同樣的標準答案：「關鍵看你怎麼使用這個工具。如果你搞錯了，我們就會將你踢出網站。」

企圖以性愛交換金錢報酬的女子也會被踢出該網站，然而，這個過濾網似乎並非天衣無縫。二〇一三年，一名五十一歲的 Google 高管「乾爹」在加州私人遊艇上暴斃，陪伴在旁的二十六歲糖寶被控曾為他注射海洛因，並在他對毒品產生負面反應時沒有報警求救，而離開現場。經調查，該女子是職業應召女郎。

Chelsey 不認為自己的行為與賣淫劃等號。「我和在經濟上幫助我的男人約會，就像人們交男友似的。同時和多人約會？很多人都這樣做。」Chelsey 的臉上又綻開甜美的笑容。在她看來，在一般的情侶關係中，女方也常會接受男方為晚餐與旅行埋單、以鮮花和禮物獻殷勤。

「當然，我把這些帶到了一個極端的層次。」在 Chelsey 與十二個乾爹的金錢輸送包養關係中，性關係也是一環，因此，賣淫和約會的界限變得模糊。

Chelsey 說，自己沒有和每個乾爹都發生性關係，且性愛並無涉及金錢交易。「如果我跟他們上床，那是因為我想跟他們上床。」這些乾爹不曾以金錢作為發生性關係的獎勵，但會送她性感內衣作為禮物。Wade 則一再強調，發生性關係並非約會中必然發生的事，應是兩個成年人兩廂情願的決定。

雖不認為自己是妓女，但 Chelsey 坦然承認自己愛財：「我就是拜金女（gold digger），不覺得這有什麼可恥的，」Chelsey 收起之前的笑容，冷靜地說，「我很開心，男士們也很開心，雙贏。」

「同時涉及性和金錢，並不代表這就是賣淫。」

Wade 曾在一個美國熱門談話節目中為旗下的包養型網站辯護，卻引來現場一陣噓聲。他的網站在美國飽受批評，「大部分針對我們的報導都是負面的。」不僅糖寶被推到風口浪尖，多金乾爹也被指責用錢收買愛情。

人們在這個約會網站上註冊，是為了尋找愛情嗎？「每個 sugar baby 的最終目標，都是和一個 sugar daddy 結婚。」Chelsey 這樣為糖寶辯護。然而，在端傳媒聯繫的網站註冊乾爹中，沒有一個願意受訪。

Wade 表示，很多人在他的網站上尋愛。即便有些人原本只是想玩玩，愛情的化學反應會在最意想不到的時候發生。他說，不少在該網站上相識的情侶最終步入婚姻。「但如果你只是為了找個人結婚，去註冊 eHarmony 吧。」

你標榜外貌，我標榜財富

美國主流約會網站 eHarmony 號稱，每天有五百四十二對結婚的新人是通過 eHarmony 相識的。每個註冊用戶需回答關於性格、個人習慣、理想對象的大量問題。網站成立十五年來，共促成兩百萬對新人，離婚率僅為百分之三．八六，遠低於美國約百分之三十的平均離婚率。eHarmony 二〇一四年營收兩億七千五百萬美元，是 Wade 旗下五個網站營收總和的近十倍。

全世界最先開發約會網站的 Inter Active Corp 集

團，如今佔美國約會網站市場份額最高，達百分之二十一・八。旗下的Match.com、Tinder、OK Cupid等網站，除了供人尋愛，也因強調用戶外貌，被認為是尋找一夜情對象的工具。其中，Tinder的APP頁面設計簡約易明，只顯示用戶照片、名字和年齡，如果瀏覽者對此用戶不感興趣，只要向右劃，此頁就不會再出現。反之，就向左劃，若對方也同樣感興趣，雙方即可開始對話。擇偶就需指尖一劃，不足一秒即可完事。

Wade早年嘗試過不少約會網站，甚至光顧婚戀仲介，通通無功而返。「我的比較優勢是事業與身家。」但在以顏值為先的傳統約會網站汪洋中，相貌平凡的他被一劃即過，沉入海底。「所以我才要設計以收入為中心的約會網站。」Wade說。他還獨創了驗證乾爹資產、收入的功能，若乾爹用戶能出具稅單、房產證等有效文件來證明其在網站上申報的年收入和淨資產屬實，他們的賬戶就會添上一個鑽石圖標，成為網站重點推薦的鑽石俱樂部成員。

Chelsey堅持，真愛是結婚的必要條件。她曾經拒絕好幾個事業很成功、但「有點奇怪」的乾爹的求婚。「我和他們沒有化學反應。」她說，未來的丈夫不一定要有很多錢，只要上進、有目標。「我要成為成功女人，不依附未來的另一半。」

然而，在事業剛起步的現在，她不介意攀附幾棵搖錢大樹。Chelsey把被包養當做人生的跳板。「多認識成功男人、旅行、讓自己的商業夢想成真。」

「將包養關係成效最大化」，是Sugar baby黃金法則的第八條。剛開始當糖寶時，Chelsey享受吃喝玩樂，也不怎麼存錢，現在她更看重的是，乾爹們給她事業上的幫助。

「這就像一個交際網一樣。」Wade說，有些交往沒有迸發浪漫的火花，也可轉而成為朋友。

Chelsey沒有交男友，對正在交往的乾爹，通通沒有戀愛心動的感覺。對她來說，這或許更像是一份不牽扯個人感情、只限演戲和陪伴的工作。

「我每天都在打這份工，和乾爹聊天。」Sugar

baby 黃金法則第二條，做好本分工作，保持耐心。

她自詡，「能跟乾爹們有深度對話」是她成為受歡迎 sugar baby 的最重要原因。「他們可不喜歡只愛派對、膚淺的女生。」

除了及時回覆乾爹們的資訊，Chelsey 的工作內容還包括，和乾爹共進美食、小酌，甚至陪上健身房。她也和乾爹度假，每個月都要「出差」幾回，去過巴哈馬群島、夏威夷、紐約、西雅圖等。

Chelsey 說，她旅行時不會和乾爹們同房，但偶有例外。「如果遇上我很喜歡、約會過多次的乾爹，我曾經跟他們共度良宵。」

她在網站上的自我介紹寫道，她尋找「沒有交易費用」、不嚴格受限的互惠關係。她形容自己是「具冒險性、健美、自然、會調情的」，一個尋找更快生活節奏的小鎮女孩。

今年五月，她從地廣人稀的蒙大拿州家鄉小鎮搬到了紙醉金迷的拉斯維加斯，因為「這裡是美國的乾爹首都」，方便她接待從世界各地來賭城消遣、公幹的乾爹。

受歡迎的糖寶 Chelsey。

採訪結束時是晚上九時許，賭城的夜晚剛剛揭開帷幕。她踩著高跟鞋匆匆消失在炫目的夜色中，去約會一個專程來看她的迪拜乾爹。下週，Chelsey還會陪他到加勒比海度假。

大陸、香港與台灣的乾爹們

據估計，美國共有兩千五百個約會網站，每年創造二十四億美元營收。今年九月的一項調查發現，約五千萬美國人曾經用過約會網站。全球範圍內約有一萬五千個約會網站，類型包羅萬象，絕大部分以地理位置、種族、興趣、宗教、性取向、職業分類，還有吸引特定政治傾向會員的約會網站。包養、偷情型網站是其中一個分支。

今年六月，偷情約會網站Ashley Madison用戶資料外泄，引起軒然大波。Wade在旗下每個網站的首頁都放上啟示：「我們注重你的隱私，所有賬戶資料都會經過加密處理。」儘管如此，許多網站會員還是只上傳不露出臉部或打了馬賽克的個人照片。

Seeking Arrangment的搜索功能提供多項條件，除了外型、年齡、菸酒習慣、婚否外，用戶還能篩選乾爹年收入、淨資產和其願意提供的津貼金額。我以地區及淨資產搜索，發現分別有一千三百七十一個中國大陸地區乾爹、五十個香港乾爹和一百七十八個台灣乾爹，聲稱自己的淨資產超過一百萬美元。其中一位來自中國大陸的男性用戶的個人介紹內容是：當年你挑我，現在我挑你。

網站中文版「甜心有約」目前有約一萬五千名乾爹和三萬七千名糖寶用戶。男女性用戶數量比例約為一比二．六。中國乾爹的平均年收入是二十六萬美元，每月願提供的平均包養津貼約為一萬五千元人民幣。中國糖寶乾爹的平均年齡分別為二十四和三十四歲。糖寶可免費使用網站，乾爹需每月繳費至少七十美元，若選擇更貴的套餐，網站還會重點推薦其頁面。

「中國女生應該跟我媽媽說的一樣，希望交往經濟能力強的男士。」Wade覺得，包養概念在中國不會水土不服，反而是順應傳統，正如他的家庭中，父母自從結婚後，就由爸爸定期支付媽媽家用。

「甜心有約」目前年營業收入超過一百萬美元。

Wade十分看好中國市場，他預期大中華區的營業額在一、兩年來將會增至一千萬美元，成為僅次於美國的第二大市場。他認為，經濟充裕、追求光鮮亮麗生活的中國Chelsey們越來越多，他的生意大有可為。

「每個人都想過卡戴珊的生活。」Wade說。

網站亞洲區的公關主任Vincent Liu坦承，網站的約會模式源自美國文化，而中國有截然不同的文化底蘊和社會結構。「但無論中國還是美國，人們都有情感需求。」他說，中國早已存在相同概念的、定位更為敏感的網站，而「甜心有約」的優勢是「安全可靠」、「高端交友」。

如今，在百度上搜索「包養網站」，會得出六百七十九萬個相關結果，包括「包養網」、「情人網」等。在「郭美美事件」後，「乾爹」、「乾女兒」變了味兒的新含義更是路人皆知。

Wade的家人似乎從未質疑過他這盤生意，當初給他愛情忠告的媽媽，鼓勵他面對外界的批評，並要求Wade的妹妹入讀名校，因為那樣才能認識有潛力的男士。

Wade的妹妹也曾是網站的糖寶，如今協助公司開發大中華市場，還轉而成了包養男生的糖寶。接受端傳媒採訪時，Wade掏出手機，展示妹妹與一個壯碩年輕的男士約會時的合照。

Wade的爸爸對此也沒有異議，他認為網站的包養概念無可厚非。「每個人都想更成功、有錢和漂亮的人交往，只是很少人願意承認。」

他同樣看好中國市場，認為道德觀和婚戀觀也會演變，不會成為包養約會網站長期發展的障礙。

「舊思維如果不能適應當今世界的新生活方式，就沒有必要死守。」這位七十四歲的父親說：「以前中國的婚姻還都是父母包辦呢，甚至孩子還沒出生就把婚事定下來了！」

「在意金錢、誠實地說出自己想要什麼、願意付出什麼的人，我會推薦他們用我的約會網站。」

Wade說，在美國，金錢問題是夫妻離婚的主要原因之一，而在他的網站上，約會雙方一開始就攤開來談金錢問題，未雨綢繆。在他看來，這樣的約會方式，是為出手大方而生性害羞的男士量身訂造。

「如果在二十年前就有這樣的工具，或許我當時就不會那麼孤單了」，Wade說。

「我現在的婚姻很幸福」

Wade對拉斯維加斯的燈紅酒綠興趣缺缺。下班後，他通常會直接回到他居住的高級公寓，癱坐在鬆軟的沙發上，面對著巨大的電視螢幕，看看新聞和劇集。有時，他會打開落地窗，獨自靠在陽臺上發呆，俯瞰夜色中的車水馬龍，感歎：「喔，外面還有人，不是只有我一個。」除此之外，這裡的五光十色似乎與他沒有絲毫關係。

Wade平常不在賭場、酒吧、秀場流連，生活中家與公司兩點一線。被問到在休閒時間有何消遣時，他思考了片刻，說：「工作。我旅行的時候也在工作。」接著突然靈機一動：「喔！還有去健身房。真的就是全部了。」

Wade選擇拉斯維加斯為公司總部所在地，純粹是出於稅收和租金低廉的商業考量。他後來才察覺，企業和「罪惡之城」拉斯維加斯的文化也挺契合的，不會鶴立雞群。「我們不是這個城市中最罪惡的生意。」Wade最喜歡拉斯維加斯是個不夜城，半夜餓了，能在通宵營業的餐廳填飽肚子。

他的客廳裡散落著雜物，餐桌上有午飯吃剩的中式速食外賣，洗碗水池裡放著幾副髒碗筷，廚房流理台倒是一塵不染。臥室裡的雙人床，只有一側的床鋪掀開了。這像是一個單身漢的家。

「最近太太不在，家裡有點亂。」Wade帶著歉意說。曾經的愛情白癡，如今娶了比他小十五歲的烏克蘭美嬌娘。他終於學會了與漂亮女生打交道，總結出的秘訣是：熟能生巧。他說，被拒絕多了，臉皮越厚，和女生交往時就越自在了。

糖寶曾是他的時尚搭配啟蒙老師。「我們一起逛街時，她們會把衣服往我身上放，『啊這個你穿起來一定很好看！』」糖寶還改變了他原本保守的消費觀。「她們跟我說，『這個錢對你微不足道，卻能給我帶來那麼大的快樂。』」Wade 說，現在他捨得花錢，但他絕非不負責任地浪費錢。「我開奔馳，但不是法拉利。我不戴名錶，以後或許會買個蘋果手錶。」除了左手無名指上設計簡單的婚戒外，他手上沒有戴別的首飾。Wade 說自己更願意把錢花到「有意義的地方」，包括帶家人到南極旅行，和妻子去加勒比海衝浪，以及供養她在紐約讀時尚設計。他每兩週搭來回八小時的飛機，到紐約探望她，並不時在 Facebook 發布與太太到米其林三星餐廳用餐的照片。「還沒找到一個乾爹帶妳去吃米其林嗎？」他在內文裡寫。

這是他的第三次婚姻。「我現在的婚姻很幸福。」兩人並不是因包養關係而相識，但與約會網站有關。初次見面時，她來應徵公司的一份工作，Wade 是作為老闆面試她。

今年，他新辦了一個叫 Open Minded 的約會網站，主旨是「讓一個新玩伴加入一對情侶，或兩對情侶共用親密時光」，在開放關係中「合乎道德地出軌劈腿」。

「一夫一妻制已死。」Wade 如是說。

他曾在前兩度婚姻中體驗過七年之癢，熱戀時總看到對方光鮮的一面，久了，漸漸只看到負面。在科技改變約會的今日，癢還可能提早到來，變成三年、五年之癢。

創立這個網站，也是為了滿足私慾嗎？「如果婚姻變得無聊，我有可能會加入。開放關係可以解決我曾經遇過的問題。」Wade 直言不諱，他跟太太也討論過開放婚姻。「她也很 open-minded（開明）。」

他打算明年和太太搬到洛杉磯，開設約會集團全新的辦公室，以及，添個小寶寶。

Wade 的辦公室。他選擇拉斯維加斯作為公司總部所在地。

3.2

修補婚姻的專業人士

地點：重慶小三勸退公司
作者：吳婧

奇葩的行業

郭穎之終於在丈夫出軌的第三年發現了這一事實。她哭過鬧過，找過親戚朋友，甚至求助過丈夫的領導，全都沒用。絕望之際，郭穎之找到了瑜峰——重慶某婚姻諮詢公司的主任。據說他在兩年多的時間裡成功「擊退」了兩百六十多名「第三者」，助夫妻重修舊好。

瑜峯和他的同行們被稱為「小三勸退師」，這是近兩年在中國各大城市興起的新職業。他們像臨時演員一般進入原配夫妻和第三者形成的三角關係中，依照不同的腳本、不同的技巧和策略，步步為營地「驅逐」第三者。

就在十月十日，瑜峰參加了中國婚姻家庭工作聯合會在上海召開的第二屆中國婚姻家庭諮詢服務行業高峰論壇。論壇開通了全國「小三勸退」服務質量投訴熱線，還制定了開展勸退服務須遵守的「三大紀律」和「九項注意」，包括不得侮辱、欺騙、愛上第三者。

「畸形的社會，奇葩的行業。」網友在微博上評論道。

但瑜峰認為自己在做一件「助人利己」的事。「我做的是婚姻維護。」他說，「人不能做皇帝呀！找三個四個（情人），我也想。但法律不允許啊。」

據民政部發布的《二〇一四年社會服務發展統計公報》，二〇一四年中國共有三百六十三萬七千對夫妻辦理了離婚登記。這是自二〇〇三年起，離婚率連續第十二年攀高。二〇一二年，離婚率增幅首次超過結婚率增幅，北京的離婚率甚至達到百分之三十九。中國婚姻家庭法學研究會專家盧明生對媒體表示：「在離婚官司中，一半以上的都涉及婚外情」。

這一日益膨脹的人群催生出一片市場藍海，瑜峰則是敏銳、迅捷的捕魚者，他知道魚兒在哪裡，也知道魚兒想要吃什麼。「如果想接的話，我一天可以講十二個小時電話。」瑜峰說。

任職於婚姻諮詢公司，替客戶擊退數百名「第三者」的瑜峰。

他的婚姻諮詢公司擁有三十幾名員工，包括一個律師團隊。團隊成員大多是心理學或法學專業出身，擁有國家級或省級重點大學的本科或碩士學歷。

他們的客戶分佈在這片大陸的各個城市。這些人被瑜峰概括為「三高人群」——收入高、學歷高、社會地位高。

儘管沒有數據證明在中國婚姻出軌的男性多於女性，但瑜峰公司的客戶超過九成是女性。郭穎之就屬於「三高人群」。她三十出頭，外貌姣好，在一家公司任財務總監。丈夫在政府做官，官銜不低。兩人育有一子。

但「三高人群」的光環並未能阻擋丈夫出軌。瑜峰的客戶中，有人拿菜刀砍了丈夫的脖頸，有人一心想殺掉第三者同丈夫生下的兒子，有人跳過兩次河、撞過一次車……丈夫發生外遇後，這些女人的傷心無助和普通階層的人群並無二致。她們選擇保衛婚姻的理由也和其他人一樣——「孩子、面子、票子」。不同之處在於，當「一哭二鬧三上吊」都不能挽救婚姻時，郭穎之們有能力支付一筆不菲的費用找外援。

拯救婚姻的流水線

在瑜峰的公司，每一單生意都要經過規範、系統的生產流水線。

首先分析每對夫妻的婚姻質量。「死亡的婚姻我們不接。」瑜峰說。這些被判「死刑」的婚姻包括：兩三年沒有性生活的、丈夫在外面有小三小四小五的、一方賭博吸毒的、揚言「離婚我就弄死你全家」的。

接著，根據不同的婚姻狀況、人物性格設計方案。多數方案需要至少三個工作人員分工協作，一個和妻子溝通，一個專門接觸第三者，另一個則負責和出軌的丈夫打交道。

四十三歲的艾成利就負責妻子的心理輔導。她今年初加入瑜峰的公司，是國家二級心理諮詢師。「你丈夫離開你，你身上肯定有他不能接納的東西。」瑜峰說。他曾教導一位以粗金鍊子和貂絨

艾成利，在婚姻諮詢公司中擔任心理諮詢師。

大衣為時尚的妻子如何穿出品味，鼓勵一位在性生活中非常被動的女性積極滿足丈夫的需求，勸導那些心懷怨氣、喋喋不休的妻子在丈夫面前保持安靜。「把妻子重新美化，自我提升，」瑜峰說，「丈夫一看——變了。」

這種改變是痛苦的。「改變是病去如抽絲的過程。」艾成利說，「我們的服務對象有非常強烈的改變意願，她現狀的痛苦已經超過改變的痛苦了。」

女性的姿態已經卑微到塵埃裡。「這畢竟是個男權社會。婚姻出了問題，主動去做調整的多是女性這一方。」艾成利說。

與此同時，三角關係中的另一位女性亦正在不知不覺中經歷變化。

三十四歲的黃詩悅專門負責蒐集第三者的資訊。她從原配那裡獲得第三者的基本情況，再通過微信、QQ、朋友介紹等方式結識第三者，成為朋友。黃詩悅最怕遇到沒有工作的第三者。「每天宅在家裡，沒有接觸她的機會。」相反，那些做代理、電商或銷售的女人最無戒心。黃詩悅會假扮成一個想要加盟的代理商，殷切地請教致富之道。她會依據原配提供的資料判斷第三者的性格和興趣，並迅速找到共鳴點。當她們在微信朋友圈裡發了一段憂傷的話時，黃詩悅會像朋友一樣留言關心。

「她（第三者）會覺得你怎麼這麼瞭解我呢？你怎麼這麼認可我呢？」黃詩悅說。慢慢地，話題從代理化妝品轉移到了生活、情感。

「做第三者其實心理上是有很大一部份空缺的，因為她不可能時時刻刻和那個男的在一起。」黃詩悅說。當第三者跟她抱怨自己和另一半吵架時，黃詩悅會在第一時間將資訊發布到公司平台上。這個平台可以看到每個方案的進度和各方負責人獲取的資訊，方便聯動。比如說，當第三者和出軌的丈夫吵架時，就是原配緩和夫妻情感的好時機。

「（她們）做的事是不道德的。就算她有感情，她愛錯了。」黃詩悅說。她曾成功勸服一個第三

黃詩悅，負責蒐集第三者的資訊。

者離開家鄉和情人到重慶工作，「你要瞭解她在事業上有什麼想法。她非常信任我，和我交心。」黃詩悅說自己不覺得愧疚，「我也是用心幫助她，並不是欺騙她。」

也許勸退第三者的荒誕之處在於，它以信任為推動力，卻建立在謊言之上。

「好情人」不是「好妻子」

當郭穎之來找瑜峰，求他幫忙奪回自己的丈夫馮立後，瑜峰請郭穎之的閨蜜辦了一場聚會，把自己安排在馮立的座位旁。瑜峰的角色是一個剛來重慶做生意的江蘇人。那天晚上，他陪愛喝紅酒的馮立喝光了八瓶干紅。

此後瑜峰多次約馮立吃飯，都被拒絕了。

瑜峰便給馮立送了兩箱法國干紅，一箱六瓶，一瓶六百多元。馮立打開後備箱，把酒放進去，開車走了。幾天後，瑜峰再約馮立吃飯，馮立答應了。瑜峰說：「不要帶愛人，我帶女朋友來。」馮立也答應了。

在那場「不帶老婆」的聚會上，瑜峰第一次見到了馮立的情人。在郭穎之的描述中，這是一個除了性別，不暴露任何個人資訊的女人。瑜峰於是在見面之初和對方打了一個賭。

「美女你今年二十幾了？長太漂亮了。」

瑜峰的話讓對方喜形於色。「我都三十多了。」

「你騙我。打賭，如果你真的超過三十歲，我明天晚上再請你吃一頓。如果沒到三十，你親自下廚擺一桌。」

對方喜滋滋地答應了。為了證明自己的真實年齡，她將身份證遞給瑜峰。

「我一看，哪一年出生的，家住哪裡，叫什麼名字。」瑜峰在心裡迅速記下這些基本資訊，「我輸了，明天再來。」他順勢敲定了第二天的聚會，並囑咐身邊扮演自己「情人」的工作人員儘可能多地和第三者接觸。

從此以後，這兩對真假情人便經常聚在一起。每每酒到酣時，瑜峰都要以「玩家」和「過來人」

的身份囑咐馮立，「玩歸玩，不能離婚啊，不然對不起你這麼可愛的兒子。」馮立點點頭。這個生性倨傲、冷漠的官員逐漸對瑜峰生出信任，他喚瑜峰「大哥」。大哥出手豪爽，和自己一樣愛好杯中物，和自己一樣既有妻兒又有情人，大哥是真正理解他的人。

偶爾，馮立也跟瑜峰談自己在婚姻中的煩惱。這些內容會被瑜峰一字不差地講給郭穎之聽，並據此制定下一步計劃。瑜峰也會不斷在馮立面前強調，馮立的情人「是個好情人，不是個好妻子，跟你妻子沒法比。」

「慢慢交流，十分鐘、八分鐘，說完就走。」為了避免引起懷疑，瑜峰每次都是點到為止。

他深諳如何點到感情的「穴位」，教郭穎之每天晚上炒菜、熬湯，做好了擺在桌子上。「等他（馮立）回來看到，讓他心裡有感覺。」他還教郭穎之製造驚喜。比如，打飛的去香港買一支七萬多塊的手錶給丈夫。

這樣「小火慢燉」了一段時間後，瑜峰覺得是時候加點料了。

一天晚上，他請馮立和一群朋友一起吃飯唱Ｋ。馮立喝得有點多，瑜峰拉他出來，勸他早點回家。「你妻子肯定是受傷的，我從她表情中可以看出來，她其實是渴望你關愛的。」瑜峰說，「她現在肯定在家哭呢。」

「不可能，她早打呼嚕了。」嘴上這樣說，馮立還是起身回家。這一消息立即傳到了郭穎之那裡。

馮立回家看到郭穎之抱著兒子躺在床上，她閉著眼，淚水浸濕了臉龐，一團團擦過淚水的紙球散落在地上。她睜開眼看到馮立，講起瑜峰教的台詞：「你回來了？喝酒了？我泡點水給你。」

馮立突然情緒崩潰，抱著郭穎之大哭：「老婆我對不起你。」

一切都按瑜峰的劇本向前走，不早不晚，不多不少。

政府支援、社會需要、老百姓歡迎

瑜峰瘦高、黝黑，雙眼炯炯，一副菸槍嗓。他今年四十四歲，江蘇人，大學讀的是心理學，當過銷售、做過貿易、經營過工廠，也在上海等地開過心理諮詢中心。

二〇一二年三月，生意破產的瑜峰來到重慶，驚異地看到當地人穿著短袖在初春的夜晚喝啤酒。「這個地方夜生活這麼豐富，能不出事麼？」瑜峰決定幹回老本行，在重慶開一家婚姻諮詢公司，「服務業才是最賺錢的」。

「他是深諳心理、洞悉人性，並且運用得很好的一個人。」員工這樣評價他。他既不熱情也不倨傲，鮮少開玩笑，待人接物張弛有度，那是常年浸泡在社會中習得的精明。

「國家應該制定法律，對婚姻不忠的人要受到懲罰。誰提出離婚，要向對方承諾十年的經濟保證。」瑜峰說。他在微信朋友圈分享自己寫的〈婚姻殺手——完美主義〉、〈原配迎小三入室，半月後者自動退出〉、〈處理婚外情的訣竅〉等雞湯文，鼓勵女讀者積極捍衛婚姻、趕走第三者。那些女人信任他、尊重他。「求求你了，只有你能幫我。」她們哭著對他說。他看起來彬彬有禮、善解人意，洞悉婚姻真諦。曾有女客戶在深夜提了煲好的湯到他家敲門，他坐懷不亂。婚外情像是他心中一面頂著電網的牆，他知道牆外風景旖旎，更瞭解電網的殺傷力。這種克制看起來並非源自某種道德信仰，他知道這是他財富的來源。

「有的人現在很糟糕，搖一搖、喝點酒、上了床、回家了。沒有考慮這個現象的影響力。」瑜峰說第三者正在動搖社會的穩定，而勸退第三者的工作「可以維穩」，因此「政府支援、社會需要、老百姓歡迎」他的服務。

他的服務是一場精心排演的「戲」。瑜峰兼任導演、編劇及最佳男配角，故事中的男主人公（出軌的丈夫）和女二號（第三者）則直到劇終也不知道男配角的真實身份。

真愛假愛跟我沒關係

當馮立在聚會上不聲不響地消失後，他的情人開始到處找他。瑜峰坐在馮立的情人旁邊，聽到她在電話這頭吼：「你死哪兒去了？」此時馮立正在安慰哭泣的郭穎之，他氣急敗壞地掛掉了電話。馮立的情人也火了，愈加賣力地發短信、打電話，直到那邊把手機關機了。

「你說這個人行不行嘛！」馮立的情人找瑜峰評理。

「這個人真不行，他回家說一聲啊！為什麼罵你呢？」瑜峰說，「你倆這兩天先緩緩，等脾氣過了。」馮立的情人說好。

當馮立的情人因兩人吵架而悶悶不樂時，瑜峰找了幾個哥們兒陪她喝酒，自己找藉口先走了。然後，他帶著馮立「恰好」經過她喝酒的飯館。

馮立看到這一幕火冒三丈。他打電話給情人：「你幹啥呢？」對方嗆回來：「你管我幹嘛！我玩呢！」

這是劇終前的最後一次高潮。勸退行動已進入收尾階段。瑜峰「慷慨解囊」，請馮立的情人出去旅遊，散散心。與此同時，對馮立「曉之以情，動之以理」。

「你多長時間沒在她就找男人喝酒？這種人，將來和她結婚可能會戴綠帽子。」瑜峰說，「你出軌了沒回家，你妻子有沒有找兩個男人喝酒？」

郭穎之後來支付了十五萬給瑜峰。今年中秋節，她還給瑜峰送了兩條煙。「沒有你我婚姻就解體了，多少人說他罵他都沒用。現在（我倆）就等於重新談了場戀愛。」

馮立至今還會不時約瑜峰吃飯，瑜峰總說：「我忙，出差呢。」

愛，都叫真愛

講述案例時，瑜峰很少笑，偶爾會有得意的神色從他面容上浮起，又淡淡地飄走。他說自己很喜歡這份工作。「這更多是別人求助於我，不是我去求別人。我做完之後想，『我連這個都能做完』，有種成就感。」

對他來說，真愛似乎是個偽命題。

「愛，都叫真愛。婚外情也是情。」瑜峰說。至於維持婚姻對當事人究竟是不是好事？

「跟我沒有關係。我要做的是婚姻維護。」

瑜峰和妻子育有一兒一女，妻女在江蘇老家生活，瑜峰帶著兒子在重慶。問他如何保鮮自己的婚姻，他說每週回家一次，每天保持電話暢通，倆人偶爾還會通宵聊天。

聊什麼呢？

「沒話找話說麼。」

Part 4

給自己禮物的人

4.1

提供五星級打手槍服務的天使

地點：臺北無障礙旅館
作者：秦有湄

「小王子」（化名）躺在床上，任人擺佈，溫柔地。空氣中飄來精油的甜味，挾著她的賀爾蒙。軟語溫香，一個字接著一個字，滑進耳朵，「你看，你的手指好長噢，這樣會讓女生很爽喔，」她的吻滑過他的背，啄著腋下；手指繞過臀部的手術疤痕，輕輕撓著體側。快感襲來，他微微一顫。

啊，好舒服。

好舒服，這樣就夠了。

他瞟了一眼床頭的百寶箱，什麼保險套自慰套潤滑液，這輩子，統統用不著。事實擺在眼前，車禍導致他半身不遂；射精？在想什麼呢，你連勃起都有困難啊。

性，不只是高潮那一刻的爽

十年以來，這是小王子首度與不熟識的人群見面。歷經車禍、撿回一條命的他，先進入療養院，後失學在家，與社會接觸的機會只剩網路。一年多前，他得知民間成立國內第一個替重障者提供自慰服務的性義工團體「手天使」，鼓起勇氣上網申請。他打算探索，這副臭皮囊，還有什麼可能。

經過層層審核與多次面談，義工團隊充分瞭解他的身心狀況與需求，多次勘查合適的場地後，終於找到這處輪椅可進、附有電梯、公共運輸可達的旅館。

小王子接受服務的這天，雙方約在某公車站會合。七名志工隨行，包括性義工與行政義工，其中兩人是輪椅族。簡短寒暄後，眾人往目的地行進。

小王子眼中閃過緊張，手天使創辦人黃智堅不動聲色，連講了好幾個黃色笑話，眾人大笑。逐漸地，小王子原本僵硬的臉部線條，變得柔和了。

抵達旅館，由手天使團隊精心策劃的「五星級的打手槍服務」即將登場。沒想到，連 check in 都可以成為小插曲；旅館人員狐疑的看著一行人，考慮是否放行。黃智堅急中生智，指指小王子的輪椅，一派輕鬆地告訴櫃檯，「我們不是要來轟趴的！他女朋友要來，我們送他過來，」一群人狀似嬉笑，分批進入電梯。

上樓進房，所有人依分工表就定位。整理房間、噴灑精油、播放音樂或A片、備妥「百寶箱」和計時用的情趣小燈，然後，依照專業人員上課時演練的方式，小心翼翼地將小王子移到床上。緊接著，行政義工們退出房間，性義工接手。九十分鐘，服務做好做滿，性義工離開房間，兩人沒有再見面。

「他沒辦法高潮了，但是性，應該不只是高潮那一刻的爽，還包含發展親密關係的其他可能，」替小王子服務的性義工「宋十夜」接受端傳媒訪問時這麼說。

正在攻讀心理學碩士的「宋十夜」，是台灣第一個SM（Sadism & Masochism）實踐者團體「皮繩愉虐邦」創始成員之一。「那天做的事情，是『換腦袋』，」她回憶。

從新學起

「我要讓他相信，身體可以帶他去對的地方。」短短九十分鐘互動時間，透過按摩、擁抱、撫

性義工宋十夜認為，大腦才是人體最主要的性器官。

摸，她告訴小王子，陰莖失去知覺，人體其他部位將變得更敏感。這稱為「代償作用」。而如何協助小王子找出身體「代償」的部位、將親密行為的焦點從生殖器官的高潮轉移開來，是宋十夜的目標。

「讓我們把全身都找一遍吧！」十夜說，人體感官接受外界刺激，視覺所佔比例達七成以上；為使小王子觸覺更靈敏，她備好眼罩，徵得小王子同意後，替他矇上眼睛，一起確認身體的快感地圖。不到一小時，他們找到過去從未被開發的身體密碼：新敏感帶。

「這輩子就這樣了吧，」發生車禍前，小王子曾有過美好的性經驗，下半身癱了，對於高潮的記憶卻還在。接受手天使服務之前，他很自然地把先前美好的性愛體驗當成「評分標準」，因此每次一想到親密關係、纏綿悱惻之事，總以為未來剩下死路一條。

「才不是這樣！在床上優秀的男人，可不是只會

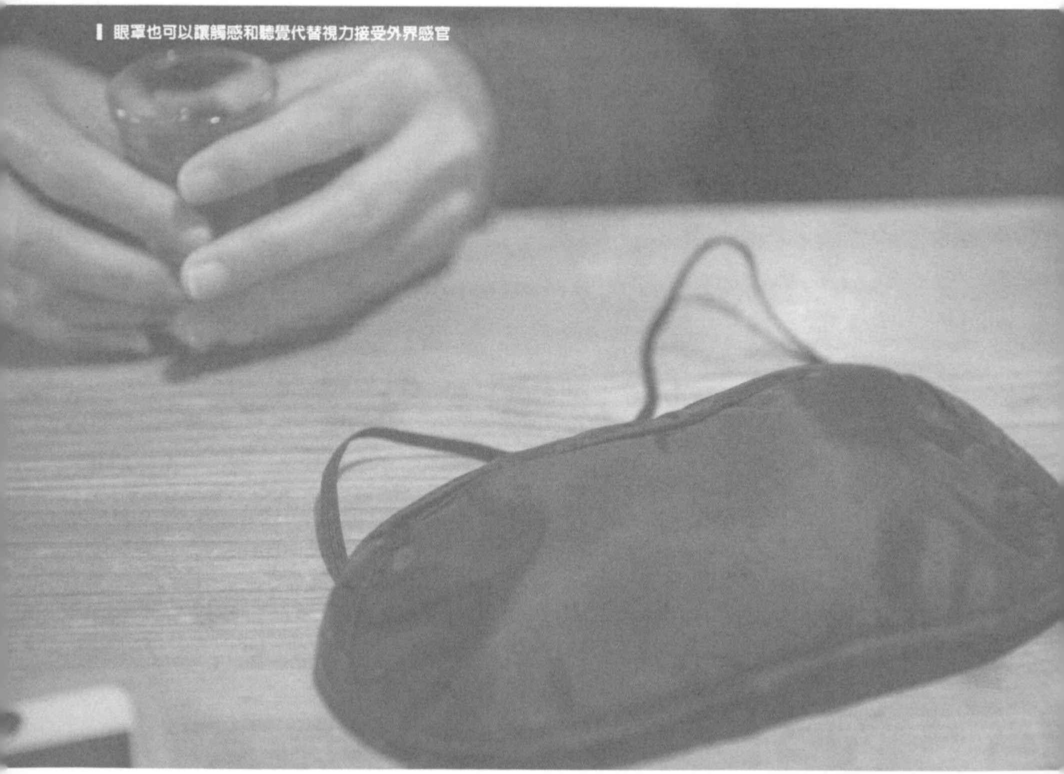

眼罩也可以讓觸感和聽覺代替視力接受外界感官

用下半身滿足女人！」宋十夜要強調：全天下男人都會犯這種錯。期待每一場性愛都應該由陰莖主導。但事實上大腦，才是人體最重要的性器官。腦袋主宰了身體之間互動的張力。產生張力之前，你需要想像力，甚至，創造力。

宋十夜舉了個例子：手指，某種程度上比陰莖更容易讓女性產生快感。打破一男一女親密行為模式的固有框架，沒有生殖能力與高潮能力的身體，照樣能貼近心儀的對象。甚至，如果小王子願意，他可以做得比過去更棒。

佛洛伊德（Sigmund Freud）主張，人類一切行為皆離不開性慾，而這股被他稱為「原慾」（Libido，又譯利比多，泛指生殖意義之外的身體器官快感）的力量，能進一步成為人類發展愛與建設的驅力。

身障者們發現了原慾，但，這股慾望能否帶來正面驅力，才是黃智堅的企圖心所在。

「我的確用慾望慫恿他們，開始追求一個不同的人生，」黃智堅說，性，不過是一種手段；慾望，可以是正面能量。

人人都可能成為小王子

身障者爭取自身性權，卻還得面對整個社會「要不要把你們當人看」的單一價值觀。手天使成軍以來，多名身障人士曾分享，遭遇「不速鬼！」（編按：台語，指不像樣、不三不四）「他們也會想要那個喔？」等歧視言語。飲食男女乃人之大慾，他們卻被期待噤聲禁慾，甚至無慾。

但黃智堅可不這麼想。有一次，他透過視訊問小王子，想交女朋友嗎？對方答「想」；他又問，你該不會想要談個戀愛還得讓老爸推著輪椅站在旁邊吧？「也是喔，」小王子陷入考慮。「那就去跟人群接觸！回校園去吧！」黃智堅一再「慫恿」。

「至少有踏出一步的感覺，」一句話，小王子總結自己一年來的改變。

成為輪椅族之初，朋友找他出門，不論吃飯喝咖啡唱ＫＴＶ，每當尿意一起，輪椅總是連廁所門都進不去。久了，他索性當個宅男。但，就連關起門來玩交友軟體，也得掙扎到底該不該跟對方坦白自己不良於行。小王子的擔心並非多餘。曾經，有人明講介意與輪椅族交往；有人乾脆直接消失不見蹤影；還有網友懷疑身障是假、詐騙為真。但也有女人表示，絲毫不介意男友是身障人士。

「對感情就是又愛又恨……，但現在遇到喜歡的對象，我還是會透露自己的想法！」小王子積極自學繪畫、彈奏烏克麗麗，積極籌備復學。若無意外，下學年即將重回校園，銜接未完成的學位。

至於小王子的腦袋換了沒有？手天使團隊不知道，也許，連他自己也還不確定。能確定的是，體內的「利比多」被喚醒了。但可別誤會，手天使團隊並不打算替身障者打造一座愛情溫室。如果有追愛失敗來找黃智堅討拍，他會說，那很好啊，人生就是有風也有雨嘛。

「垃圾又臭又髒，誰要啊，應該不會有人愛我。」三十歲之前，患有小兒痲痺的黃智堅，常覺得自己是「一包垃圾」。

黃智堅出生於寮國，三個月大時罹患小兒麻痺不良於行，十二歲那年跟著爸媽到台灣躲避戰禍。國中畢業時，他一度將自己的殘疾朋友聯絡資料全部撕掉，那時認為不跟這些朋友來往，自己就能活得「健康」一點，但如今想起，這只是自欺欺人。直到二十九歲那年，他才完全接受自己的殘疾事實和確定自己的同志性傾向。從此之後，若有心儀對象，就勇於告白。有些尷尬收場，有些成為好友，有些果真和他轟轟烈烈愛了一場。

「看到他們，就像看到二十九歲前的我，」與現任男友交往邁入第十七年的黃智堅，常反問身障朋友，愛就在那裡，為什麼不敢追？輪椅族又怎樣？身心正常的「直立人」示愛就不會被拒嗎？在這個社會，拒絕者通常會給被拒者一個理由嗎？感情上的「被不解釋」，是身障者才會有的困擾嗎？

因此，他將這項「拒絕」機制納入手天使服務。

若身障者看見性義工的第一眼，發現對方「不是我的小鮮肉或女神」，有權立即拒絕。同理，性義工當場若發生個人因素而無法服務，也有權喊停。截至目前，手天使服務並無「拒絕」記錄，但黃智堅非常期待「拒絕案」發生。

他們要證明，在不斷拒絕與被拒的過程中，人生，一樣能過得有滋有味。根據統計，全台灣領有身心障礙者手冊人口約佔百分之五，生老病死是規律，人人都可能成為小王子。

手天使成軍兩年，人力、物力成本全靠志工和善款。目前，每位身障者一生有三次申請自慰服務的機會，原因除了資源有限，更大的用意，是讓身障者有機會體驗身體互動的美好，進而勇於追求愛與擁抱。

兩年之內，已成功替八人次（共七人，一人兩度申請成功）的重障者提供自慰服務。這群「小王子們」，障別包括肌肉萎縮、腦性麻痺、癱瘓，以及先天雙眼全盲。

慾望不是罪，身障者卻像是活在楚門的世界。幾例成功申請手天使服務、最後臨陣脫逃者的原因，竟都是「家人知道怎麼辦」。

曾有重障者和手天使分享，家人以為他沒有隱私需求，拆掉他的房門以利出入，慾望來襲，他只能背門遮掩，手持手機小螢幕，開靜音模式看A片，再用無力的手指撫摸身體，嚴防家人進入。還有人在自己房內自慰，外傭開門撞見，一臉驚恐丟下一句「變態」，家人聞聲而至。不過是打個手槍，意外「打」出一場尷尬。

手天使成軍後，不少申請案因不符資格被拒。一名在中國大陸的母親寫信替兒子提出申請，團隊資源有限情況下，以「目前只服務台灣民眾」委婉拒絕。他們又陸續收到兩名約十六歲的少年提出申請，「同學們每天都在談打手槍，那是什麼感覺？我可以申請嗎？」《兒少法》卡在眼前，團隊只能回信，「孩子，抱歉，請你再等等。」

對於「手天使」這樣的服務，衛福部科長宋冀寧回答端傳媒採訪時，給出了簡單的官方立場。他說，立案的社會福利團體、財團法人身心障礙機構、財團法人組織辦理身心障礙福利等民間團體，若辦理各類身心障礙福利活動，如才藝展演、資訊教育、增能充權活動或其他一般性活動，皆能申請補助。

不過，針對手天使提供身障者生理需求的「服務」部分，目前政府尚無補助措施，衛福部也未研議納入政策。

新目標：為女性身障者提供服務

到底誰是變態？

如果要用一句話惹毛黃智堅，那會是「好可憐」或「我們要幫助他們」。同為障礙者的生命經驗，讓黃智堅和身障者的需求站在一起。爭取基本權益，不需要同情。

手天使團隊早就訂定今年三大工作目標：尋找合適的社福團隊合作推廣服務、宣導家人協助申請方案，以及，服務女性重障者。

黃智堅的終極目標是促成政府重視身障者性權，健全法令、提供服務。他有心理準備，若有必要就直搗禁區，衝撞法律也在所不惜。

對於法律問題，黃智堅引用《中華民國刑法》第十條第五項的定義：

> 稱性交者，謂非基於正當目的所為之下列性侵入行為：
>
> 一、以性器進入他人之性器、肛門或口腔，或使之接合之行為。
>
> 二、以性器以外之其他身體部位或器物進入他人之性器、肛門，或使之接合之行為。

黃智堅說，兩性生理構造不同，「手天使」為男性提供自慰服務時，沒有「接合、侵入」問題。如果服務對象是女性，也有「非侵入行為」的作法。

但即使如此，「手天使」服務目前恐怕仍是走在法律的灰色地帶。例如一般按摩院私下進行，女性按摩師為男客戶進行的「半套」服務，不時仍然會遭員警取締移送檢察官偵辦。雖然移送後不見得起訴，但顯然現行法律規定並不清晰。

不過卡死的法令與執法慣例，始終沒有卡死黃智堅的信念。既然年度目標是服務女性身障者。那麼，他即將可能衝撞法律嗎？「如果有必要，我倒想看看會發生什麼事，」回答的語氣不帶挑釁，卻也無所畏懼。因為對他而言，能對男性和女性提供服務，才是完整的性服務社會團體，一如這個世界，男性、女性、跨性別等身份都能受到尊重，平和並存，才是完整的世界。

「手天使」創辦人黃智堅。

4.2

說出來才high

地點：上海情趣研究院
作者：施鈺涵

我們要分享

還在小學的時候，晶晶因為一些情色電影知道如何「讓自己的身體舒服」：「那時候是出於本能，但是在滿足自己的時候，我會有羞恥感和緊張感」。

隨著時間推移，晶晶對於性的知識越來越豐富，在大學時下定決心要從事這一行。二〇一五年夏天，剛從師範專業畢業的她來到情趣用品電商春水堂工作，負責編撰電商平台內容社區「情趣研究院」的內容。

「我希望解答大家的困擾，我對性不會扭扭捏捏，很樂意分享給別人。」今年二十四歲的晶晶說。情趣研究院上最受歡迎的是那些「乾貨＋口述」的文章。「如果是純乾貨，就太商業，如果只是講情感，又顯得浮誇」，晶晶說，「人都有窺私慾，想瞭解別人的秘密，所以我們做技巧性分享的時候就會插入一些口述的故事。」

二〇一四年下半年，一批內容社區開始關注中國年輕人這份夾雜著「性」的窺私慾和分享欲——幾乎是同一時間段，青杏網、新金賽、十色、YUMMY 等網站或微信公眾號紛紛建立。前兩者關注性知識普及和教育，後兩者側重情趣和情慾內容的分享。此外，背靠電商平台的春學院（即春水堂的情趣研究院）、他趣、嗨音也開始建立移動內容社區。某種程度上，因為種種原因（經濟能力、個人喜好等）無法通過情趣用品釋放的力比多（libido），被這些社區消解了。

「讀和寫，都是性慾的一種釋放，」情趣用品電商、春水堂創始人藺德剛說，「因為閱讀的需求更輕，因此更加普遍」。

「目前真正消費（情趣）玩具還是非常少數，大部分人正在被啟蒙，這波人數量巨大。」微信公眾號「十色」的運營負責人鍾凱帆說。

鍾凱帆最初和曾經做岡本營銷的團隊一起打算做一個關於「性」的社區時，也很苦惱。「想把性直接說出來，什麼形式好？」最終他們選擇了做一週推送一次的「週刊」，取名「性不同」。「希望年輕人不要說到性就感覺是猥瑣的，而是給人感覺『好酷』。我們想表達一個生活方式，一種情趣生活的態度。」鍾凱帆說。

目前「十色」的訂閱用戶接近二十萬，週刊最受歡迎的欄目包括使用人體攝影「情攝」和用戶自生產內容的「床洞」。最初團隊做「床洞」是想省時省力，後來發現原來有那麼多人有表達慾望。「很多人都想把自己有關『性』的經歷說出來給更多人看，會覺得很榮耀」。為了迎合用戶口味，團隊會對投稿稍作編輯，「不用把性說出來，點到即止，性是點心。」

二〇一三年開始在中國上映的美劇《性愛大師》為後來內容社區的出現做了鋪墊。這部追蹤美國「性革命」起源的歷史劇第一季在搜狐視頻上的點擊播放數為七千八百五十五萬，絕大部分觀眾的年齡介於二十五至二十九歲。在知識分享型社區豆瓣上，該詞條下面的評價數有一萬四千多則。

訴說「看不見的」性

「中國的性解放已經隱性存在。大眾越來越多談性，如果說行為上的『約炮』是個體性的，那表達就是群體性的，『性』逐漸在大眾化。不再是潛流，開始變成顯性的存在。」藺德剛說。

年輕女性參與情慾表達社區的活躍度甚至超過了對情趣用品的購買。在「十色」為訂閱用戶設定的幾個微信群中，主動發言的往往都是女生。根據鍾凱帆的觀察，添加主編或是回覆話題的人中，百分之六十以上都是女生。「女生大都會把『性』看作美好的事情，非常渴望和別人交流。她們困於沒有私密的管道，微信後台就變成了一個途徑。」這也是朵茜情調生活館CEO吳徵為何只為女性組織私密聚會的原因。起初她嘗試過男女一起，但很快發現，只要有男生在，沒有女生願意表達自己的需求或困惑。

儘管類似「逼格」、「屌絲」這樣帶有「性」的詞彙表達已經隨處可見，但大方表達自己的情慾需求依然不是一件容易的事情，對於中國女性尤其如此。中山大學社會學與人類學學院社會學與社會工作系副教授裴諭新在她的書《慾望都市：

上海七〇後女性研究》中寫道，「如果承認她們需要性的快樂，或者需要『自己快樂』，會讓她們的女人味（feminine）大打折扣。我發現很多女性，她們害怕自己離社會給出的『女性質量』（proper femininity）標準太遠。」

這本出版於二〇一三年的書揭示了一些年輕女性在今天依然存在的心態。但和出生於一九七〇年代的人不同，年輕女性更容易注意並抓住可能的傾訴管道。

新金賽創始人童立在組織性知識普及活動的同時也接受性心理諮詢，他接觸到最有代表性的都來自八五後女性諮詢，每週一至兩次，話題大多關於「如何滿足性慾」。「過去因為社會壓力，男性會問這樣的問題」，童立說，「現在情慾表達更多元了，越來越多的女性勇於提問。」

中國性學家潘綏銘曾指出，一九八〇年代以來，性在中國已經公開化，開始成為一種社會表達方式。但這並不意味著對於情趣的討論已經成為社會公開表達。

童立認為現實生活中，一個中國女性如果真的很大膽表達出自己的慾望，是「很複雜的情況」。「性文化在實踐上並不簡單。」一個細節是，儘管德古拉經常和女朋友探討情趣話題，但僅一個如何讓自己更好到達高潮的問題，女友都會再三害羞才會表達自己的需求。

「女人的性，用女性主義的說法，是『看不見的』，是『沉默的文化』，我們不知道怎麼去說它。」裴諭新在書中寫到。

「中國女性一直以來對性都是羞愧的，接受的教育要麼是教你怎麼生孩子，要麼就是怎麼愉悅你的丈夫。」二〇一四年還在美國學交互設計的三木解釋自己為何畢業後決定回國做一個只為女性開放的情慾表達社區。「從來沒有人教女性怎麼愉悅自己，也沒有這樣的空間去探討這個問題。」三木說。

說我的故事，這樣才 high

三木起初希望通過推薦情趣用品的方式獲取使用

者對產品的看法，後來發現大家的熱情很低。「偶爾一次我問，『你第一次感受到愉悅是什麼時候』，後台回覆十分踴躍。」「之前覺得是大家不好意思談，後來才知道大家的態度是，為什麼要間接地談？我更願意直接說我的故事，這樣才high。」三木說。

Yummy上的文章除了技巧，還包括一些觀念分享，例如《跟伴侶開口談性是一種怎樣的體驗》、《女生為什麼要約炮》、《重新定義小三》等等。

在上海社科院做性別研究的研究員陳亞亞認為，Yummy社區開闢了一個新類別。「一直有人提倡要關注女性性福，但都偏重技巧，而不是理念。」陳亞亞曾經被朋友介紹進入一個QQ講座群，五百元進一次，聽主講人介紹要怎麼控制自己的陰道。「說來說去都是技巧，沒有針對女性怎麼提高情趣本身的。」

三木對Yummy受眾的定位是：二十四歲至三十二歲，經濟獨立，有較高的審美需求、對生活品質有一定要求，在親密關係裡追求平等和多元（包括取向的多元），是性體驗的獵取者、追求性愉悅體驗，情趣玩具的使用者和長期關注者，是樂意跟閨蜜女伴主動談論性的女性。

即使是這樣的年輕女性，在情慾表達的同時也伴隨著自我探索和迷茫。Yummy根據身份認同為用戶建立了三個群，「拉拉群」、「異性戀群」和「快樂的隨便什麼戀群」。三木發現，「雙性戀慾望的女生比自己想像得多」。「很多人一直強調親密關係，並沒有仔細想自己的身份」，三木說，「但在『隨便』那個群裡，女孩子更多關心自己的愉悅，更加關注自己的感受，不管是性的規劃還是人本身的規劃。」

三木也會使用情趣產品，「玩具幫助你健康自然地釋放慾望，它會讓你不因為慾望變得焦慮，被慾望捆綁」。社區內容和情趣用品的差別，在於「玩具是工具，但文字是表達」——但都是一種渴望。「情趣在日常生活中是一件很重要的事情，人們渴望更愉悅的性體驗。這種渴望不應該受到審判和批判。」

但即使是大膽使用情趣用品的人，也未必以同樣熱度參與社區內容。新金賽的情趣用品測評師咖喱就說，她會偶爾看一看，但一定不參與討論。「逛著逛著怕被同學朋友知道，怕別人會說你想『要』。」她的一個解釋是，「八〇末九〇初的人還是會有一些壓抑。」

而德古拉在這幾個移動內容社區中比較喜歡的是「十色」的人體攝影，「美學上有一些研究，但是技巧上觀念上並不需要（它們）。」德古拉說。在他看來，這些社區同時要和別的娛樂方式競爭。「真的把『性』作為趣味來看，那麼就要和年輕人也關注的其他生活趣味相比較。」

鍾凱帆認為現在是情趣內容社區發展的好時候。「性還沒有被國家大範圍打擊，互聯網給我們這個機遇。我們要抓住這個好時機，告訴年輕人說這是個好東西。」

二〇一五年五月，成人社區草榴社區發布消息稱因為數據丟失，網站可能永久關閉。「即使草榴死了，慾望還活著。」不只一個人說過這句話。

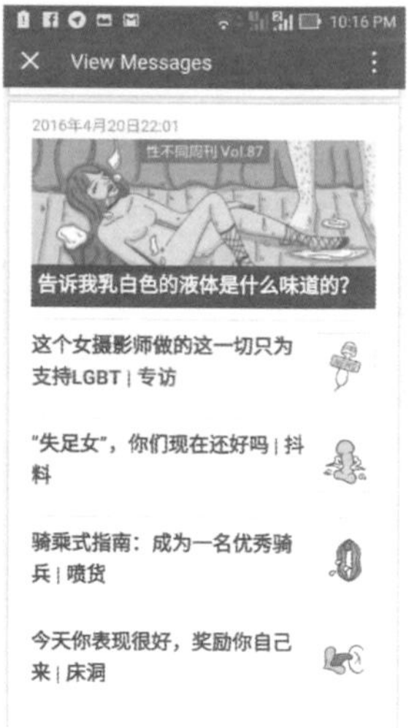

「新金賽微博」與「性不同公號每日推送」的網路頁面。

4.3

震動的伴侶

地點：香港性玩具商店

作者：王菡、蘇健進

不必等著一個人出現

三十八歲的單身媽媽 Candy，偶然情況下發現了性玩具，而今她說：「如果你找到一個可以一起享受的 partner 當然很好，但如果沒有，也不必等著一個人出現。」以前從來沒有進去過任何 sex toy 店鋪。那些藏在商場角落裡，花花綠綠的小店，總讓人有種不舒服的感覺。都是偶然。

偶然在 YouTube 上看到關於女性如何探索性高潮的一段視頻，偶然經過中環大廈裡的 Sally Coco（情趣用品商店），好奇之下進去看看。和店員像朋友一樣聊了起來，竟自然地聊到自己的生活、心事。

第一次買的黑色 Siri（一隻小巧的陰蒂振動器），現在仍是 Candy 最喜歡的一件產品。她從來沒想過，sex toy 可以如此優雅、美觀、低調、富於變化，可以和性器官的形狀毫無關係：「比如這款 G 點震動器，外觀根本就是一朵祥雲，『如意』一樣，我可以在家裡任何地方充電。小朋友見到，我就告訴他，這是一個按摩器。」項鏈也可以是震動器，USB 充電；有的產品更是本身就有 USB 功能，帶去辦公室上班也可以。

現在，對 Candy 而言，sex toy 沒有什麼神秘之處。買性玩具和買健康產品、水杯、飾物都是一樣的。它就是可以振動的電子產品，好像電動牙刷、洗面機。甚至不必限制用途，買了也不一定拿來自慰。它和其他按摩器在材質上、振動模式是同類的。有人用來清潔面部，當洗面機用，也未嘗不可。

「我們接受的性教育，最多教你如何避孕，什麼是高潮，如何獲得高潮，根本不知道。我生完孩子都不知道什麼是高潮。」Candy 說到。在香港，女性自慰一直被汙名化。提到自慰就是性慾過強，淫娃、蕩婦、性上癮、性濫交。冷靜、運動、沖涼。然後就當沒事發生。重重心理障礙，讓她不知道怎麼開口問，又可以去問誰。

性玩具？腦海中就是一粒鵪鶉蛋一樣的東西。可以震，就是了。現在她知道，不是所有女性產品都是振動的，也不是所有產品單靠振動就能讓女性高潮。它們可以擺動、可以吸吮，可以用不同方式幫助女性達到高潮。

「而且很多女性根本不知道自己的 G 點在什麼位置，伴侶如果沒有碰到的話，會一直沒有高潮體驗，」Candy 說，「這些玩具都可以幫助她們找到自己的 G 點。」

不應該被動地等別人來發現自己的身體需求，而是自己去尋找。對自己身體的自主。它是自己和自己溝通的工具。女性一個人不可以有高潮？一定要有情感才可以？不，她不願意把自己的歡愉交給別人控制，像等待恩賜。不必糾結今晚要不要打電話給他，他會不會有空，他有沒有心情。完全沒有這些限制。

「就像我刷牙刷得是不是舒服，和我男朋友沒關係。高潮是自己給自己的禮物，」Candy 說。她還說：「如果你找到一個可以一起享受的 partner 當然很好，但如果沒有，也不必等著一個人出現。」

同樣，能用 sex toy 達到高潮，也不能說明一個人

Candy 說，高潮是自己給自己的禮物。

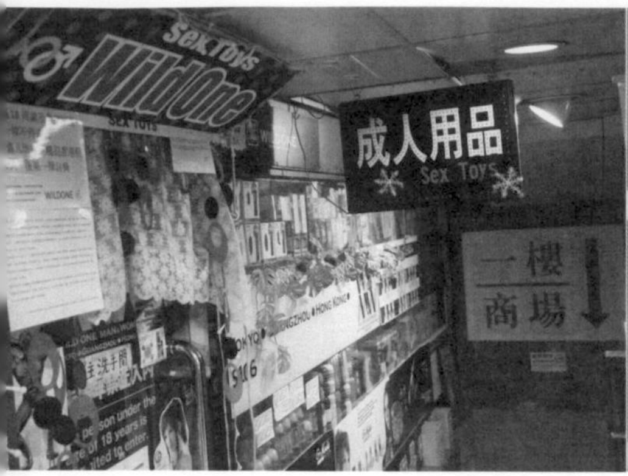

就是性和愛分得很開。每一次的使用時間、使用經驗可以很不同。玩具是死的，人是活的。可控的玩具讓世界有了舒適感，但無法預測的、真實的人，仍然是必須面對的課題。而一個根本不瞭解自己身體的人，無論尋找 casual sex 還是固定的伴侶，都很難滿足。要知道自己想要什麼，怎樣令自己開心。

當一天的工作結束，承受過各種壓力，非常疲累，想要放鬆，做個 SPA。Sex toy 會帶給 Candy 那種很放鬆的感覺：「它不能替代情感需求，但它可以讓你過得更舒服。」

創意性玩具令大腦興奮

Lala，二十五歲，學生。有一天，一個粉紅色的 dildo 放在室友桌面上。那是 Lala 第一次接觸 sex toy。

「自己的第一個性玩具？一定是花灑。」

打開花灑，可以調節力度的溫熱水柱，在大腿內側和私密部位間游移。慾望如精靈，在她的思想

各式性玩具。

中一直自由來去。她早已懂得取悅自己的身體。只是還沒體驗過高潮。

中學時，在一個女同志網站上，第一次看到如何用花灑自慰。水溫、力度都由自己控制，好爽。於是浴室成了一個小天堂。在有家人同住的空間裡，遺世獨立。

讀大學時住宿舍。有一天，一個粉紅色的 dildo 放在室友桌面上。那是第一次接觸 sex toy，作為產品的 sex toy。兩人都沒有什麼尷尬，性，原本就該是女生宿舍的日常話題。

畢業工作之後，有一年生日，朋友送震蛋做禮物。但用過之後體驗不算很好。AV 中女優們演得很 high，論壇上有人講得很 high，但自己的感受才是真實。

玩具款式多種多樣，而每個人的身體卻不同。一定要找到適合自己的那一款。「有些仿陽具的，並不適合我，」她說，「大部分時候，買之前其實你會知道，自己喜歡插入式刺激還是外陰刺激；想自己玩，還是和伴侶一起玩。粗細、長短、曲線弧度、振動頻率，都是挑選時要考慮的。」

玩具，當然要好玩。Lala說：「性玩具對我來說並不是一個買賣意義上的商品，生活中很多東西都可以是性玩具。」對她來說，並不是人人知道如何挑選性玩具，買回來之後不好玩怎麼辦。一款高質量性玩具，價錢也不便宜，所以日常用品反而是一個可以考慮的基本選擇。

生果、蔬菜、糖果、玻璃樽，只要保障安全、衛生，很多東西都可以拿來玩。創意，令大腦興奮。性玩具是讓性生活更有趣的。貞潔指環、避孕套，也可以是性玩具。好有挑引性。高跟鞋、內衣（不一定是性感內衣，有人喜歡居家睡衣）、絲襪……所有能引人遐想，調動氣氛的物品，都是性玩具。那是極日常的情景，不需要獵奇、不需要香豔。

每個人對於性有不同需求，有人情和性可以分開，有人情和性不容易分開。「我覺得一個人的性也很好。有一個partner要考慮很多，」Lala說。就像即使有伴侶，也可以一個人去旅行。在這趟一個人的旅途，有很多新東西可以發掘，摸索。也許不習慣，但有趣。還要明白的是，探索高潮的過程很多時候是挫敗的。

用慣的性玩具會產生感情，它是一個很親密的物品。在保證帶給你高潮體驗這方面，它比伴侶更可靠。有很多人是依戀一個人，而不是享受純粹的性體驗。

現在她最常用的玩具是一隻手指套。指套表面有一些突出的小珠仔。方便、簡單，但非常好用。

第一件性玩具是個廁紙筒

「我真心想做一個Porn Star。」人稱「蘭桂坊之母」的余迪偉這樣說，分享性事是他文字的一大主題。「同志從來不愁寂寞，早在十幾廿年前紐約和三藩市便有無數同志吧，你要每天換人尋歡作樂也不成問題。」

「香港呢，很多公廁上設有公眾浴室，兩個男人在更衣地方肉搏相見，合眼緣的關上房門要來便

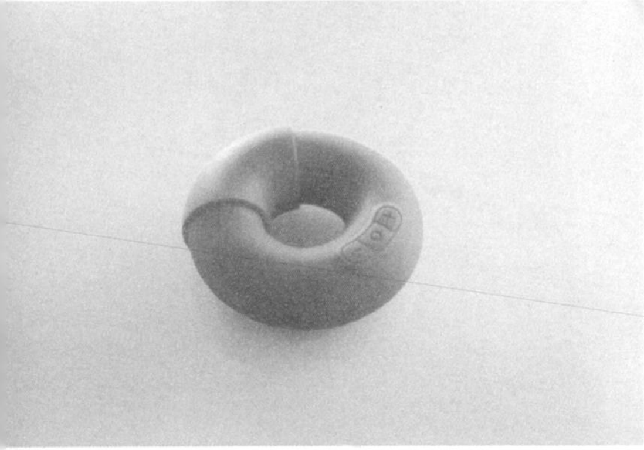

來；還未提到的更精彩的一夜情、鴨店和同志桑拿……」

「說同性戀有性壓抑？那是視乎他個人的道德標準，而非沒管道。」迪偉滔滔不絕地說。

昔日同志身份的認受性較低，無從宣洩的過剩感情，可能使性慾過分膨脹，要尋找一個緊急出口。於是有人會選擇埋首過著比現時更豐盛的性愛生活，那怕只是單純地「肏」，總能找到一個稍為令人滿意的肉體；抑或遇上投契的，在性事也投放愛，便能轉「肏」為做愛。

精彩絕倫的性愛生活中，自慰不再淪為單純洩慾，反而顯得別有情趣。「男人的肛門裡有前列腺，它好比女人的G點，受到外來刺激時會令人性興奮，這對異性戀或同性戀的男性而言都一樣。但你總不能叫老婆搞你的後庭，同志便可以，所以肛交能令雙方都得到快感，還有一個方法，便是靠性玩具。」

什麼是性玩具？飛機杯？震動棒？皮鞭？手扣？就廣義而言，能為人在性方面帶來情趣（慾）的都可稱作性玩具，迪偉人生中的第一件性玩具是個廁紙筒：「說起來我也算晚熟，人生中第一次射精在中三那年，對象是隨手執起本來要被丟掉的廁紙筒。那年獨自躺在宿舍的床上百無聊賴，看著廁紙筒的洞，忽發奇想要把它套在那話兒上，然後本能地上下摩擦，一會兒弄得滿床都是，嚇得我急忙抓來一把紙巾不停地抹，再隨手掐成一團掉到床底。」

未滿足於那單薄紙洞，往後在宿舍的日子，他又想到利用廁板加上大腿和枕頭袋等，各種超乎想像的方法，直到接觸量產的性玩具才停止。

「性玩具大多是冰冷的，尤其在冬天幾乎沒意慾用。友人想到用水喉接駁自慰器的頂部，從中間灌入熱水，自製溫暖的後庭自慰器，始終自己才最清楚自己的需要。」

從《筆舉》系列以至今年出版的《筆談情》和《紙說愛》中也有提及關於性的所見所聞與感受，對他而言那不過是日常感情中的一環，談起來其實跟吃豬還是吃牛一樣平淡。「真正可怕的是今天一個小朋友隨便上網輸入幾個關鍵字，便會彈出一堆不堪入目的成人影片、知名藝人的裸照和偷拍照，他們可能在最扭曲的情況下初次接觸性，日後自然不能以正常眼光看待相關的事物。」

告別余迪偉，我倒想起小六那年唯一上過的一次性教育課，老師問大家何謂性交，鄰班的運動健將舉手搶答：「我知我知，是把陰莖塞進女孩的後庭。」那麼自慰棒在他心目中想必是降魔伏妖棒吧。到底怎樣才能令我們對性的觀念在不加扭曲的環境中健康成長，看來香港的路，還有很長。

男人的夢想，在先達？

「跟你說，昨晚在高登看到巴打（編按：港式網上術語，brother 的意思）寫的那篇開箱文實在精彩，看得我現在都心癢癢！」J說。

「開什麼箱？」A問。

「什麼？你沒聽過開箱文？就是指新產品試用報告，昔日巴打們會寫電子產品和影音，今天呢，還有飛機膠（編按：男性用以自慰的膠製產品）。」J笑著答道。

他們找來最新出的飛機膠和飛機杯（編按：男性自慰時所用的杯形產品），有時是日本產的千奇百怪男性自慰器，以第一身經驗加上簡單的產品闡述寫成試用報告。用詞予人的感覺特別內行，又那麼抵死幽默，就算是沒用過自慰器的人看完也會笑顏逐開，所以點擊率和分享次數總是高居不下。

「近日最火熱的定必是『真實之口』和『姊妹丼』。為何叫真實之口？因為它是個模擬度極高的口，有齊口唇、舌頭和牙，但只得頭的下半部，看起來有點詭異，廠商說要保留幻想空間給用家，啟動電源時舌頭會震動，一個不會累的口就此誕生。」

「至於姊妹丼，簡直是『神器』，從前你只會想著一個對象自慰，時代變了，今天看AV也不止單對單，這個姊妹丼正是將用家帶進姊妹的世界，說穿了不過是把兩個自慰器合而為一，境界卻遠不止於此，可說是滿足不少男人曾有過的『夢想』。」

「而男人的夢想就在這兒，在眾多意義上也是。」

說罷，J帶A來到先達廣場門前。

每個香港人也知先達是個怎樣的地方，底層是繁忙的Apple產品交投所，每當Apple有新產品推出，地下的人多得幾乎要擠到門外；一樓是電子產品和配件專門店，什麼玻璃保護貼防水殼都能最先在這裡找到。

「二樓呢？」

「……」

二樓？A突然語塞。「二樓有八間性商店，兩間AV店。」J答道。比起底層和一樓熙來攘往的光景，二樓彷彿是沒有接軌的第三度空間，那種肅靜教人顯得有點拘謹。多少人有意無意穿過無數電子產品，來到性商店密集的二樓，於某店門外消聲匿跡。

「很多寫開箱文的巴打也是來這裡『取經』的，有間歡樂性商店是老字號，別看它的名字老土，產品都是最新最齊。」J這句話成功打破侷促的氣氛。

遊走商場內圍時，發現性商店像個風水陣般布於四角，最裡面一間剛好是「歡樂性商店」。揭開門口那塊像拉麵店的布簾，小小的方形店面內放滿各式性用品，貨架上無孔不入，好比屋邨附近的某文具店。

部分還貼心地附有介紹標貼，以橙底黑字顯示顯得特別醒目：「用左都有人知深潛震蛋」、「送禮之選　壽司型震蛋匙扣」、「AV常用按摩棒」……一種不怕露骨只怕你看不懂的精神。姊妹丼和真實之口當然也在，J像走進真正的玩具店，迫不及待要為A介紹每樣他在開箱文看過的產品。

在場的另一位男客人正跟店員對話：

「早期買的自慰棒，外層的膠脫落了。」客人說。

「該不會這樣兒戲，可能是你用得不好吧？是否曾用力拉扯？」店員反問。

「不，應該是用料不好吧，才沒用幾次。」客人說。

銷售並且將性玩具放上檯面「去妖魔化」的老闆 Chris。

「你到貨架選過另一個，我給你折扣吧。」店員微笑地說。

語畢，J 拿著姊妹丼到櫃台買單，A 一語不發地拿起真實之口走向櫃台……

其實，「性玩具」從來都是談話中的禁語，男人聽到會笑而不語，女人則會報以怒視，更別說要親身到店子，跟一個陌生店員大談自己對性玩具的喜好，要入口極窄加螺旋紋，要倒勾八段速令人死去活來，這些話——大概蒙住面也說不出口。我曾經懷疑過先達頂樓的性商店是如何生存，難道靠賣鬆馳熊避孕套和百多元的海綿飛機杯？後來我明白，原來這時代，性商店的生意好得很，新開店的選址，更要在港島區的一線地段，時代廣場對面，擺花街地下，還要把熱賣產品放在門口陳列櫃，怕你像昔日過門而不入上百遍也不知他們在賣什麼？

「你好。」

接待的是年輕女子K，沒半點多言，像高級百貨公司般讓你自由遊覽。首先看到的是由過百個震動器組成的牆，從粉紅到深紫整個暖色系，還有粉黃和 Tiffany Blue，外表也不再追求以往赤裸裸的仿陽具，有些甚至放在辦公室枱面也毫無違和感。別說女士，連男士都會想買一個給身邊的女性做禮物。

「最受歡迎的非假陽具，也不是冬甩（donut）狀和風扇狀，而是這個粉藍色的振動棒，它的尾部撬起，插入時可刺激女性的斯基恩氏線（G點），從而引發高潮，這是無論真假陽具也不易達到的事。」K專業地講解。

自慰是男人私事，性玩具是看AV的延伸，性商店總是跟AV店一樣瑟縮於舊式商場的暗角，君不見店面只見其招牌，要知賣（盜版）AV是犯法而性玩具不是，何必將它妖魔化。Chris 銳意打破這局面，把性玩具放上枱面。

「八年前我在時代廣場對面開立大型性商店，將一大張『性事良品』的海報掛在牆外引人注目，收起門前遮遮掩掩的布簾，換來是燈火通明的空間，從入門級的潤潮劑和避孕套到肛門自慰器和SM共治一爐，就看你開放到什麼程度。」Chris 說。

別說他的貨品重口味，客人還真不少，十八歲到六十歲，自用的送人的，通通會表明來意與需求。

「有次一位婆婆想買震動器送給新婚媳婦，因兒子時常要到外地公幹，怕媳婦會感到寂寞，震動器可增加生活情趣，這多麼甜蜜的事。」K說。

「說起來，十年前性玩具以歐美品牌居多，我們嘗試引入日本貨，二〇〇七年日本首次推出AV女優倒模性器，即俗稱的名器，穿越螢幕跟小澤瑪莉亞親熱只需六百元，還有後來炙手可熱的內地女生張筱雨，能叫人不為之瘋狂嗎？定價雖比一般男性自慰器高，但知名女優的名器一出很快便賣斷市。」

Chris 笑說。然而買性玩具的人通常會選擇網上，避免那種難看死的尷尬，尤其當你遇上看店的人是上年紀的姨姨，擔心她不懂你要那種款式，又不好意思要她介紹，而你不能隔著貼滿十八禁貼紙的紙盒看出什麼端倪，的確沒理由要自己陷入這種進退維谷的境地。

那是指舊式性商店，當網絡世界尚未發達之時，到性商店行一趟確實有種尋幽探秘的快感，但現代性商店的貨品是大方地展出，任看任摸任試，像拍拖前要先跟對方約會，你也會想跟它在建立親密關係前，對它的觸感、用法和形狀瞭解是人之常情。

剛巧有客人到訪，在震動器牆前停下腳步。

「這震動器是用在前面還是後面？」一位外貌娟好的少女問道。

「你要放進裡面還是外面？」店員K反問。

「裡面，不要太大。」少女答。

「試試這個吧，方便收藏，尾部可刺激G點……」

少女很滿意，她乾脆地付款，買了K介紹那款。我這類客人不少，K告訴我，尤其在中環分店，他／她們都是大方地走進來，跟店員談論自己的需要。仍選擇在網上購買的大有人在，那些人大多已對心儀產品進行大量資料搜集，也有少數是非常害羞的低調派。說畢，K回到櫃檯後繼續整理資料，我也走過那道振動器之牆，滿牆滿足的表情羅列著，它們和舊時代不同，給你看見一個可以自我滿足的、叫做「健康」的心願。

性玩具是件柴米油鹽事

「溝通」

「坦白」

「坦白地溝通」

——對於如何讓性玩具成為伴侶之間的調情劑而不是炸藥包，Vera的回答言簡意賅。她和先生Picco經營這家情趣用品店Sally Coco已經五年。Vera個性爽利，向來喜歡有話直說：

「我們兩個都是很坦誠的。想要什麼，不喜歡什麼，都坦白地告訴對方。就是因為猜來猜去或者一直都不說，才出現很多問題。」對Picco來說，所謂溝通技巧就是選擇好話題時機和切入點，

「我們平時就比較注重交流，不是在特定的時候才講。」兩個人都性致頗好的時候提出新創意或者 sex toy，可能讓對方來不及反應，比較破壞氣氛。反而做完之後講，可以讓下次更順利，有提升。食色性也，原本就是並列關係。

Sex toy，玩還是不玩，玩哪一款，怎麼玩，就像喜歡吃壽司還是吃意粉一樣，當日常生活的其他部份一樣去閒聊。慢慢地把性這個話題變成家常便飯。

開店五年，形形色色的來客自然見過不少。Vera 也成了兩性關係專家。一方委屈、另一方發脾氣的伴侶實在不少。女生如果買一個震動器自己用，老公或者男朋友也許會誤會自己被玩具取代。如果是男生買玩具送給女生用，女生常常會覺對方心術不正。一來對性玩具不瞭解，二來對自己不自信。

一次，有個男生來退貨，是給女朋友精心挑選的禮物。只好原原本本把女友如何發脾氣的事講出來。禮物還沒拿出來，女生已經大發脾氣：「你把我當什麼！我們在一起很無聊嗎！」講了一大堆。從 sex toy 出發，無限放大。驚喜成了驚嚇。從始至終，女生完全沒有拿出來看看，到底是什麼，更不用說研究怎麼用。「性玩具」對她來說，已經是負面形象。

「男生應該問清楚，看對方是不是想試試看。至少先有鋪墊，在很輕鬆的情況下帶入這個話題。讓對方知道，原來性玩具可以長得像一片樹葉，或者兔子耳朵。也許對方會有興趣。當一種資訊、潮流去瞭解。再給對方空間考慮。」來看一看，也不一定要買回去用。對 Vera 來說，性玩具本來就不是必需品，是 bonus。性玩具是幫助大家互相瞭解、探索的工具。但玩具本身不能解決溝通問題。

Vera 印象最深的是一對六十多歲的老夫婦。他們第一次來情趣用品店，但有說有笑，有商有量。沒有人硬要說服對方。挑選了一陣，買了一個伴侶一起用的震動器。看得出兩個人都很開心。

「我問他們結婚多久，他們說，四十年。」

Vera說，與五年前相比，社會環境在變得更開放。「以前除了家計會（香港家庭計劃指導會），沒有其他機構做性愛方面的討論。現在有很多NGO都在做性教育。」她笑談家計會的「婚前性教育」workshop，講解員自己先表現得非常尷尬。而那段講解性愛姿勢的教學影片，更是播了十幾年的錄影帶，螢幕上全是雪花。

「我媽已經接受我的工作，但還是經常有莫名其妙的擔心，以為來情趣用品店的人會不正經」，Vera覺得好氣又好笑。

性、愛都是人生中的平常事，她也只是以平常心對待而已。

經營情趣用品店的夫妻檔 Vera 和 Picco。

Do觀點43　PF0189

這不是一本情愛指南

——我們時代的慾望地圖

作　　者／端工作室
編　　輯／楊靜、王菡（端傳媒）
責任編輯／鄭伊庭
圖文排版／楊家齊
封面設計／王嵩賀

出版策劃／獨立作家
發 行 人／宋政坤
法律顧問／毛國樑　律師
製作發行／秀威資訊科技股份有限公司
地址：114 台北市內湖區瑞光路76巷65號1樓
電話：+886-2-2796-3638　傳真：+886-2-2796-1377
服務信箱：service@showwe.com.tw
展售門市／國家書店【松江門市】
地址：104 台北市中山區松江路209號1樓
電話：+886-2-2518-0207　傳真：+886-2-2518-0778
網路訂購／秀威網路書店：https://store.showwe.tw
國家網路書店：https://www.govbooks.com.tw

出版日期／2016年7月　BOD一版　**定價**／300元

|獨立|作家|
Independent Author

寫自己的故事，唱自己的歌

這不是一本情愛指南：我們時代的慾望地圖 / 端工作室著.
-- 一版. -- 臺北市：獨立作家, 2016.07
面；公分
BOD版
ISBN 978-986-93316-1-6(平裝)

1. 兩性關係 2. 文化研究

544.7 105010299

國家圖書館出版品預行編目

讀者回函卡

感謝您購買本書，為提升服務品質，請填妥以下資料，將讀者回函卡直接寄回或傳真本公司，收到您的寶貴意見後，我們會收藏記錄及檢討，謝謝！如您需要了解本公司最新出版書目、購書優惠或企劃活動，歡迎您上網查詢或下載相關資料：http:// www.showwe.com.tw

您購買的書名：______________________________

出生日期：________年________月________日

學歷：□高中（含）以下　□大專　□研究所（含）以上

職業：□製造業　□金融業　□資訊業　□軍警　□傳播業　□自由業
　　　□服務業　□公務員　□教職　□學生　□家管　□其它______

購書地點：□網路書店　□實體書店　□書展　□郵購　□贈閱　□其他

您從何得知本書的消息？

□網路書店　□實體書店　□網路搜尋　□電子報　□書訊　□雜誌
□傳播媒體　□親友推薦　□網站推薦　□部落格　□其他________

您對本書的評價：（請填代號　1.非常滿意　2.滿意　3.尚可　4.再改進）

封面設計____　版面編排____　內容____　文／譯筆____　價格____

讀完書後您覺得：

□很有收穫　□有收穫　□收穫不多　□沒收穫

對我們的建議：______________________________

請貼
郵票

11466
台北市內湖區瑞光路 76 巷 65 號 1 樓

獨立作家讀者服務部 收

…………………………………………………………………………………………

（請沿線對折寄回，謝謝！）

姓　　名：____________________ 年齡：________ 性別：□女 □男

郵遞區號：□□□□□

地　　址：____

聯絡電話：(日)____________________ (夜)____________________

E-mail：____